*Teach yourself the marrow of English grammar
through Ernest Hemingway's short stories*

ヘミングウェイで学ぶ英文法

倉林秀男　河田英介

はじめに

「**なぜ、ヘミングウェイで英文法？**」―そんな疑問を抱いた人は、次の文章の意味を考えてください。

"All right," said the man. "What about it?"
"No," said the girl, "I can't."
"You mean you won't."
"I can't," said the girl.

　使われている単語はすべて、中学校で学習する基本的な単語ばかりです。ですが、意味を正確に理解するとなると、なかなか難しいのではないでしょうか。

　この会話では **can't と won't の意味の違いを明確に捉え**ない限り、男女二人のすれ違いを読み解くことはできません。さらに、**it が何を指しているのか**をしっかり意識しながら読まなければ、最後まで何だかわからないまま読み終えてしまいます。それから、can't や won't の後ろに**省略されている動詞**を補うことはできますか？

　実は、この男女のやり取りは、ヘミングウェイの短編小説 "The Sea Change" の冒頭部分です。このように、ヘミングウェイの文章はとても平易な語彙で書かれています。また、形容詞や副詞が少なく、文の構造も難解なものはほとんどありません。シンプルな語彙で、揺れ動く登場人物の気持ち、頭の中でその風景を思い描けるような描写がなされています。そこでヘミングウェイの文体を徹底的に調べていくと、表現技法にかなりの工夫が見られるということがわかりました。専門的には『言語学から文学作品を見る ― ヘミングウェ

2

イの文体に迫る―』（開拓社）にて明らかにしています。

　実は、この素晴らしい表現技法を支えているものが**文法**なのです。冒頭に出した例でも will と can の違いについてしっかり学ぶことで、そこで描写されている内容が生き生きと浮かび上がってきます。まさに「**生きた言葉**」になるのです。

　随所にヘミングウェイが仕組んだ文法的な手がかりをもとにして、物語の謎を一緒に解いていきましょう！

　なお、本書は二人の著者によって書かれています。本書の企画立案、各章の文法解説、解釈のポイント、ワンポイント文法講義は英語学・英語文体論を専門とする倉林が担当し、和訳、各章の作品解説、文学理論をもとにした考察はアメリカ文学を専門とする河田が担当しました。互いに、それぞれの思いをぶつけ合い、議論を交わしながら執筆しました。また、東京女子大学名誉教授の今村楯夫先生の勉強会で、東京女子大学の学部生、大学院生、修了生の方々がヘミングウェイの短編を読みながら、わからない文法項目を倉林に質問をするということを行っていました。そこで質問をしてくださった皆様に感謝申し上げます。そして、この本が世に出るきっかけを作ってくださったアスク出版の森田修さんに、とにかく丁寧に原稿を見ていただいたおかげで、雑然としていた私達の議論がどんどん整理されていきました。本当にありがとうございます。

　最後に、この本を手に取っていただいた皆様に感謝いたします。

倉林秀男

河田英介

CONTENTS

はじめに

各章の構成

ダウンロード音声について

Chapter 1

"Cat in the Rain" 9

和訳「雨の中の猫」10

原文 +「ここに気をつけて読もう」14

ワンポイント文法講義① 文中における分詞と冠詞の働き 42

作品解説 "Cat in the Rain" の文脈を表現から読む 51

小講義① ヘミングウェイの短編小説とジェンダー
——"Cat in the Rain" と "Hills Like White Elephants" から考える 52

Chapter 2

"A Day's Wait" 55

和訳「一日待つこと」56

原文 +「ここに気をつけて読もう」60

ワンポイント文法講義② to 不定詞の用法と接続詞に注目しよう 86

作品解説 "A Day's Wait" を父、子、母の観点から読む 100

Chapter 3

"The Sea Change" 101

和訳「天変地異」102

原文 +「ここに気をつけて読もう」108

Contents

ワンポイント文法講義③ 助動詞のニュアンスの違いを理解しよう 140
作品解説 "The Sea Change" の「しっくりこない」世界を読む 148

Chapter 4
"Hills Like White Elephants" 149

和訳「白い象の群れのような山なみ」 150
原文＋「ここに気をつけて読もう」 156
ワンポイント文法講義④ 冠詞、代名詞に注意して読んでみよう 184
作品解説 "Hills Like White Elephants の形式を読む 193

小講義② ヘミングウェイの短編小説とセクシュアリティ
——"A Simple Enquiry" と "The Sea Change" から考える 194

Chapter 5
"A Simple Enquiry" 197

和訳「ある割り切れない問い」 198
原文＋「ここに気をつけて読もう」 202
ワンポイント文法講義⑤ 時制と相に注意して物語を読もう 226
作品解説 "A Simple Enquiry" の両義的世界を読む 242

Chapter 6
"The Light of the World" 243

和訳「この世の光」 244
原文＋「ここに気をつけて読もう」 254
ワンポイント文法講義⑥ 「似たもの動詞」にご用心 292
作品解説 "The Light of the World" の揺らぐ光を読む 304

英語学習のお勧め参考書 305

各章の構成

本書の各章は、ヘミングウェイの短編を「読み切る楽しみ」も味わいながら、英文法に関する知識を効果的に深められるように、以下の構成になっています。

✒ まずは和訳をチェック

「和訳先渡し方式」により、作品の内容を先に把握していただくことができます。まずは英語をそのまま味わいたいという中・上級者の方は、和訳を最後に見ていただいてもかまいません。

✒ 「ここに気をつけて読もう」

注意すべき文法上のポイントを、右ページにピックアップしています。また「解釈のポイント」として、注意して読み解くべき箇所もハイライトしました。

✒ 「ここに気をつけて読もう」の解説

各作品の文法上のポイントを、じっくり丁寧に解説してあります。ヘミングウェイの名文を素材として、英文法の重要ポイントを確実に押さえることができます。「解釈のポイント」についても、わかりやすく解説しました。

✒ ワンポイント文法講義

各作品に、「冠詞・代名詞」「時制・相」などのテーマを設定し、深く切り込んでいます。ライブ感あふれる「実況中継講義」をお楽しみいただけます。

✒ 作品解説

各作品の最後には、「作品解説」として、読み方や解釈に関する解説やアドバイスを提示してあります。

なお、Chapter 1 および Chapter 4 の章末には、文学理論に関する小講義を収載してあります。

How to use this book / Downloadable audio

ダウンロード音声に関して

本書各章の英文の朗読音声ファイルをダウンロードしてご利用いただけます。本書の音声は、パソコン、スマートフォンのどちらでもご利用いただけます。ダウンロードは、アスク出版のサポートサイトと、オーディオ配信サービスaudiobook.jp の両方より行なえます。

　スマートフォン（iPhone、Android など）をご利用の方は、audiobook.jp のアプリを事前にダウンロードする必要があります。詳細は下記をご参照ください。

https://audiobook.jp/exchange/ask-books

右記の QR コードからもアクセスできます。

　なお、audiobook.jp で音声をダウンロードされる場合は、シリアルコード「92806」が必要となります。

Used by permission of Hemingway Foreign Rights Trust through
Japan UNI Agency, Inc., Tokyo

Photo Credits:
Cover: ©1953 Earl Theisen/Look
PP.42, 86, 140, 184, 226, 292: Photo by Averette from English Wikipedia
PP.306-310: ©1920 Oak Park Public Library

Every effort has been made to trace all sources of photos/illustrations in this book, but if any have been inadvertently overlooked, the publisher will be pleased to make the necessary arrangements at the first opportunity.

SPECIAL THANKS:
Michigan Hemingway Society
Tateo Imamura

Chapter 1

Cat in the Rain

イタリアの海辺に面したとあるホテル。そこにアメリカ人夫婦が滞在しています。窓の外を眺めていた妻は、中庭で雨に濡れないよう、テーブルの下に丸まっている子猫を見つけます。子猫が欲しくなった彼女が外に出てみると、猫はいなくなっていました。部屋に戻り、夫にそのことを話してもあまり興味を持ってもらえません。ずっとベッドで横になっている夫に向かって、彼女は髪の毛を伸ばしたいとか、新しい洋服が欲しい、猫が欲しいと言ったりします。しばらくして、てきます。その手に

まずは
和訳をチェック

雨の中の猫

　ホテルに泊まっているアメリカ人はふたりだけだった。彼らは部屋に向かう時も、出る時も、階段ですれ違う誰一人と知るひとはいなかった。彼らの部屋は海に面した二階にあった。その部屋は公園と戦争記念碑にも面していた。公園には大きなヤシの木々と緑色のベンチが並んでいた。天気に恵まれた日には、いつも画架を据える絵描きがいた。彼らはヤシの木々の枝ぶりや、公園と海に面して連なるホテルの鮮やかな色彩を気に入っていた。イタリア人らは戦争記念碑を見上げるために遠くからやってきていた。その記念碑は銅製で雨の中で煌めいていた。雨が降っていた。雨粒がヤシの木々から滴り落ちた。砂利道には水たまりができていた。雨の中、海では、波が横一文字に砕け、浜辺からすべるように後退し、戻されては、雨の中で再び横一文字に砕けた。戦争記念碑の脇の広場から自動車はすべて消えていた。広場の向こう側のカフェの入り口では、ウェイターの一人ががらんとした広場を眺めながら立っていた。

　アメリカ人の妻は窓際に立って、外を見ていた。外の、まさに窓の真下で、雨が滴るいくつかの緑色のテーブルの一つの下に一匹の猫がちぢこまっていた。その猫は雨に濡れまいと必死に身を丸めていた。

　「私、降りていってあの子猫を拾ってくるわ」とアメリカ人の妻が言った。

　「僕がやるよ」と彼女の夫はベッドから申しでた。

　「いいえ、私が拾ってくるわ。あの可哀想な子猫ったらテーブルの下で濡れまいと必死なのよ」

　夫は読書を続け、ベッドの端に重ねられた二つの枕に寄りかかっていた。

　「濡れないようにね」と彼は言った。

　妻が下の階に降りていくと、ホテルの支配人が立ち上がり、彼女が事務室を通り過ぎる時にお辞儀をした。彼の机は事務室の一番奥にあった。彼は老人で、とても背が高かった。

　「イル・ピオーヴェ」*1 と妻は言った。彼女はホテルの支配人を気に入っていた。

10

Ch.1 Cat in the Rain

「スィ、スィ、シニョーラ、ブルット・テンポ。*2 とても悪い天気ですね」

　彼は薄暗い部屋の最奥にある自分の机の後ろに立っていた。妻は彼を気に入っていた。彼女は、どのような苦情をも受け取る彼のやけに真摯な流儀を気に入っていた。彼女は彼の品格を気に入っていた。彼女へのもてなし方も気に入っていた。彼女は、彼がもつホテル支配人としての考え方を気に入っていた。彼女は彼の老いた、がっしりとした顔と大きな手を気に入っていた。

　彼に好意を抱きながら、彼女はドアを開け、外を見た。雨がますます強くなりはじめていた。ゴム製の雨合羽をまとった男が閑散とした広場を横切ってカフェに向かっていた。あの猫は右手にいるだろう。軒下をつたっていけばいいかもしれない。彼女が戸口に立っていると、背後で傘が開いた。二人の部屋を担当するメイドだった。

　「濡れてはなりません」と彼女はイタリア語を話しながら微笑んだ。もちろん、ホテルの支配人が彼女を遣したのだった。

　メイドが彼女を傘で差し掛けながら、彼女は砂利道を通って部屋の窓の下まで歩いた。テーブルがあり、雨で鮮やかな緑色に洗われていたが、猫はいなくなっていた。彼女は突如がっかりさせられた。メイドは顔を上げて彼女を見た。

　「ハ・ペルデュート・クワルケ・コーザ、シニョーラ？」 *3

　「猫がいたの」とアメリカ人娘は言った。

　「猫ですか？」

　「スィ、イル・ガット」 *4

　「猫ですか？」メイドは笑った。「雨の中で猫が？」

　「そうなの」と彼女は言った。「テーブルの下にね」。それから、「私はその猫をすごく欲しかったのよ。子猫が欲しかったの」

　彼女が英語で話すと、メイドの表情はこわばった。

　「奥様、こちらに」と彼女は言った。「中にお戻り下さい。濡れてしまいます」

　「確かにそうね」とアメリカ人娘は言った。

　二人は砂利道を戻り、ドアから中に入った。メイドは傘をたたむために外に残った。アメリカ人娘がオフィスを通り過ぎると、ホテルの主人は自分の机か

らお辞儀をした。彼女の中で何かがとても小さく、締め付けられて感じた。ホテルの主人は彼女をとても小さく、同時に非常に重要な存在に思わせた。ほんの一瞬、彼女は自身が至高の重要存在であるかのような感覚を得た。彼女は階段を上った。彼女は部屋のドアを開けた。ジョージはベッドの上で読書をしていた。

「あの猫を捕まえたかい？」と彼は本を下げながら聞いた。

「あの猫はいなくなっていたわ」

「どこへ行ったのだろうね」と彼は言い、読書で疲れた眼を休めていた。

彼女はベッドの上に座った。

「私、あの猫がすごく欲しかったの」と彼女は言った。「どうしてあれほど欲しかったのかわからないけど、あの可哀想な子猫が欲しかったの。子猫が雨の中にいるのはちっとも楽しくなんかないわ」

ジョージは再び読書に戻っていた。

彼女は化粧台の鏡まで行き、その前に座って手鏡で自分の姿を見つめていた。自らの容姿のまずは片方、それからもう一方の自分の横顔を入念に確かめた。それから彼女は後頭部とうなじを確認した。

「ねえ、髪を伸ばしてみるのもどうかしら」と彼女は聞き、再び自らの横顔を見つめていた。

ジョージは顔を上げ、少年のように刈り上げた彼女のうなじを見た。

「今のような髪型が好きなんだけどな」

「凄く飽きるのよ」と彼女は言った。「少年みたいな髪型でいるのは、もううんざりなのよ」

ジョージはベッドの上で姿勢を変えた。彼は彼女が話し始めてから彼女から視線を反らさなかった。

「今、ものすごく可愛いけどね」と彼は言った。

彼女は手鏡を化粧台の上に置き、窓のところまで行って外を見た。外は暗くなり始めていた。

「私、髪を後ろでしっかりとなでつけて、後ろで滑らかに結って、自分でも

触れるくらい大きな結びを後ろに作りたいの」と彼女は言った。「子猫を膝の上に乗せて、撫でた時に喉を鳴らしてほしいの」

「それで？」ジョージはベッドから言った。

「それに自分用の銀食器一式がそろったテーブルで食事をしたいし、キャンドルも欲しいわ。さらに春になってほしいし、鏡の前で自分の髪を梳かして整えたいし、子猫だって欲しいし、新しいお洋服も何着か欲しいの」

「いい加減にして、何か読んだらどうだ」とジョージは言った。彼は再び読書に戻っていた。

彼の妻は窓の外を見つめていた。外は今やとても暗く、ヤシの木に雨が降りつづけていた。

「とにかく、猫が欲しいの」と彼女は言った。「猫が一匹欲しいの。今すぐ猫が欲しいの。髪を伸ばしてちょっとも楽しむのもだめなら、せめて猫は飼ってもいいわよね」

ジョージは聞いていなかった。彼は本を読んでいた。彼の妻は窓の外の、広場の外灯の灯った明かりを見ていた。

誰かがドアをノックした。

「アヴァンティ」*5 とジョージは言った。彼は本から顔を上げた。戸口にはメイドが立っていた。彼女は大きな三毛猫をきつく抱き、猫はだらりと垂れ下がっていた。

「失礼いたします」と彼女は言った。「主人が奥様のためにこれを持っていくようにと」

---

*1「雨が降っていますね」 *2「ええ、奥様、とても天気が悪いですね」 *3「何か失くされたのですか、奥様」 *4「ええ、猫よ」 *5「どうぞ」

文法に注意して読みましょう

Cat in the Rain

There were only two Americans stopping at the hotel. ①They did not know any of the people they passed on the stairs on their way to and from their room. Their room was on the second floor facing the sea. It also faced the public garden and the war monument. There were big palms and green benches in the public garden. ②In the good weather there was always an artist with his easel. ③Artists liked the way the palms grew and the bright colors of the hotels facing the gardens and the sea. Italians came from a long way off to look up at the war monument. It was made of bronze and glistened in the rain. It was raining. The rain dripped from the palm trees. ④Water stood in pools on the gravel paths. The sea broke in a long line in the rain and slipped back down the beach to come up and break again in a long line in the rain. The motor cars were gone from the square by the war monument. Across the square in the doorway of the café a waiter stood looking out of the empty square.

The American wife stood at the window looking out. Outside right under their window a cat was crouched under one of the dripping green tables. ⑤The cat was trying to make herself so compact that she would not be dripped on.

⑥"I'm going down and get that kitty," the American wife said.

"I'll do it," her husband offered from the bed.

"No, I'll get it. The poor kitty out trying to keep dry under a table."

Grammar Points

Ch.1 Cat in the Rain

ここ に 気 を つ け て 読 も う

① この passed は自動詞ですか、それとも他動詞ですか？

They did not know any of the people they <u>passed</u> on the stairs on their way to and from their room.

② 冒頭に in the good weather がきている理由はわかりますか？

<u>In the good weather</u> there was always an artist with his easel.

③ 前の文に an artist がありますが、この文では the artist ではなく artists と複数形になっているのはなぜでしょうか？

<u>Artists</u> liked the way the palms grew ...

④ この文の stood の意味はわかりますか？

Water <u>stood</u> in pools on the gravel paths.

⑤ この so は「とても」と訳すのが適切でしょうか？

The cat was trying to make herself <u>so</u> compact that she would not be dripped on.

⑥ ここの現在進行形と will の違いはわかりますか？

"<u>I'm going</u> down and get that kitty," the American wife said.
"<u>I'll</u> do it," her husband offered from the bed.
"No, <u>I'll</u> get it. The poor kitty out trying to keep dry under a table."

- -
NOTES
- -

L.001 **the hotel**

ヘミングウェイの伝記に即して読めば、1923 年の冬にイタリアのラパルロにヘミングウェイ夫妻が滞在したことが事実としてあるため、ラパルロの海岸沿いにあるホテルだとわかる。

L.004 **the war monument** ▶ 戦争記念碑

L.009 *be made of ...* ▶ …でできている

「材質」を示す表現。「材料」の made from ...、「場所」の made in ... との違いに注意。

L.019 **dripping** ▶ 雨が滴る、ずぶ濡れの

⑦The husband went on reading, lying propped up with the two pillows at the foot of the bed.

"Don't get wet," he said.

⑧The wife went downstairs and the hotel owner stood up and bowed to her as she passed the office. His desk was at the far end of the office. He was an old man and very tall.

"*Il piove*," the wife said. She liked the hotel-keeper.

"*Si, si, Signora, brutto tempo.* It is very bad weather."

He stood behind his desk in the far end of the dim room. ❶The wife liked him. ⑨She liked the deadly serious way he received any complaints. She liked his dignity. She liked the way he wanted to serve her. She liked the way he felt about being a hotel-keeper. She liked his old, heavy face and big hands.

⑩Liking him she opened the door and looked out. It was raining harder. A man in a rubber cape was crossing the empty square to the café. The cat would be around to the right. ⑪Perhaps she could go along under the eaves. As she stood in the doorway an umbrella opened behind her. ⑫It was the maid who looked after their room.

"You must not get wet," she smiled, speaking Italian. Of course, the hotel-keeper had sent her.

⑬With the maid holding the umbrella over her, she walked along the gravel path until she was under their window. The table was there, washed bright green in the rain, but the cat was gone. She was suddenly disappointed. The maid looked up at her.

"*Ha perduto qualque cosa, Signora?*"

Ch.1 Cat in the Rain

Grammar Points   ここ に 気 を つ け て 読 も う

⑦ reading と lying のそれぞれの文法的な役割はなんでしょうか？

The husband went on <u>reading</u>, <u>lying</u> propped up with ...

⑧ この as の意味は？

The wife went downstairs and the hotel owner stood up and bowed to her <u>as</u> she passed the office.

解釈のポイント❶ → *p.39*

liked が繰り返し出てきますが、これはどんなことを言っているのでしょうか？

The wife <u>liked</u> him.

⑨ way の後ろに省略されている語句は？

She liked the deadly serious <u>way</u> he received any complaints.

⑩ 文頭の liking は動名詞、それとも現在分詞でしょうか？

<u>Liking</u> him she opened the door and looked out.

⑪ perhaps は何を修飾していますか？

<u>Perhaps</u> she could go along under the eaves.

⑫ この文の it の用法は？

<u>It</u> was the maid who looked after their room.

⑬ この with の用法は？

<u>With</u> the maid holding the umbrella over her, ...

┈┈┈┈┈┈┈┈┈┈┈┈┈┈┈┈ **N O T E S** ┈┈┈┈┈┈┈┈┈┈┈┈┈┈┈┈

L.025 *be* **propped up with ...** ▶ …で体を支える

L.039 **A man in a rubber cape** ▶ ゴム製の雨合羽をまとった男

この in は「…を着ている」「…を身にまとっている」というときに使われる前置詞です。

L.041 **eave** ▶ ひさし

❷"There was a cat," said the American girl.

"A cat?"

"*Si, il gatto.*"

"A cat?" the maid laughed. "A cat in the rain?"

"Yes," she said, "under the table." Then, "Oh, I wanted it so much. I wanted a kitty."

When she talked English the maid's face tightened.

"Come, Signora," she said. "We must get back inside. You will be wet."

"I suppose so", said the American girl.

They went back along the gravel path and passed in the door. The maid stayed outside to close the umbrella. As the American girl passed the office, the padrone bowed from his desk. Something felt very small and tight inside the girl. ⑬The padrone made her feel very small and at the same time really important. She had a momentary feeling of being of supreme importance. She went on up the stairs. She opened the door of the room. George was on the bed, reading.

"Did you get the cat?" he asked, putting the book down.

"It was gone."

"Wonder where it went to," he said, resting his eyes from reading.

She sat down on the bed.

❸"I wanted it so much," she said. "I don't know why I wanted it so much. I wanted that poor kitty. It isn't any fun to be a poor kitty out in the rain."

Ch.1 Cat in the Rain

Grammar Points　　　　　　　　ここ に 気 を つ け て 読 も う

解 釈 の ポ イ ン ト ❷　→ *p.39*

なぜ、ここでgirlという呼び方が出てきたのでしょうか？

"There was a cat," said the American <u>girl</u>.

---

⑭ この使役動詞のmakeには「強制性」はありますか？

The padrone <u>made</u> her feel very small and at the same time really important.

解 釈 の ポ イ ン ト ❸　→ *p.40*

I wantedの繰り返しは何を意味するのでしょうか？

"<u>I wanted</u> it so much," she said. "I don't know why <u>I wanted</u> it so much. <u>I wanted</u> that poor kitty. It isn't any fun to be a poor kitty out in the rain."

N O T E S

L.056　kitty　▶子猫

「子猫ちゃん」のようなニュアンスで、Come here, kitty, kitty!「子猫ちゃん、こっちにおいで」のように、呼びかけの表現としても使われます。

L.063　padrone　▶（宿屋の）主人

L.066　supreme　▶至上の、至高の

19

George was reading again.

She went over and sat in front of the mirror of the dressing table looking at herself with the hand glass. She studied her profile, first one side and then the other. Then she studied the back of her head and her neck.

"⑮Don't you think it would be a good idea if I let my hair grow out?" she asked, looking at her profile again.

⑯George looked up and saw the back of her neck, clipped close like a boy's.

"⑰I like it the way it is."

"I get so tired of it," she said. "I get so tired of looking like a boy."

George shifted his position in the bed. He hadn't looked away from her since she started to speak.

"You look pretty darn nice," he said.

⑱She laid the mirror down on the dresser and went over to the window and looked out. It was getting dark.

"I want to pull my hair back tight and smooth and make a big knot at the back that I can feel," she said. "I want to have a kitty to sit on my lap and purr when I stroke her."

"Yeah?" George said from the bed.

"And I want to eat at a table with my own silver and I want candles. And I want it to be spring and I want to brush my hair out in front of a mirror and I want a kitty and I want some new clothes."

"⑲Oh, shut up and get something to read," George said. He

20

Ch.1 Cat in the Rain

Grammar Points   ここに気をつけて読もう

⑮ ここでのletの時制は？

Don't you think it would be a good idea if I let my hair grow out?

⑯ このclippedは過去形ですか、過去分詞ですか？

George looked up and saw the back of her neck, clipped close like a boy's.

⑰ 省略されている語を補ってください

I like it the way it is.

⑱ 動詞laidの原形は？

She laid the mirror down on the dresser and went over to the window and looked out.

⑲ ここでの不定詞の用法は？

Oh, shut up and get something to read.

NOTES

L.078 dressing table ▶ 化粧台
鏡と引き出しが備え付けられた化粧台のことです。

L.079 study ▶ …を観察する、…をくわしく調べる

L.079 profile ▶ 横顔、輪郭

L.091 pretty darn nice ▶ ものすごく可愛い
darnは「途方もなく」という意味の口語で、より汚い言葉であるdamnの言い換え表現です。

L.096 purr ▶（猫が）のどをゴロゴロと鳴らす

L.098 silver ▶ 銀食器

21

was reading again.

His wife was looking out of the window. ㉟It was quite dark now and still raining in the palm trees.

"Anyway, I want a cat," she said, "I want a cat. I want a cat now. If I can't have long hair or any fun, I can have a cat."

George was not listening. He was reading his book. His wife looked out of the window where the light had come on in the square.

Someone knocked at the door.

"*Avanti*," George said. He looked up from his book.

㉞In the doorway stood the maid. She held a big tortoise-shell cat pressed tight against her and swung down against her body.

"Excuse me," she said, "the padrone asked me to bring this for the Signora."

Ch.1 Cat in the Rain

Grammar Points　　　　　　　　　　　ここに気をつけて読もう

⑳ この文のitの用法は？

<u>It</u> was quite dark now and still raining in the palm trees.

㉑ この文の主語は？

In the doorway stood the maid.

N O T E S

L.113　**a big tortoise-shell cat** ▶ **大きな三毛猫（べっ甲猫）**

厳密には「三毛猫」とは少し異なり、体毛の白い部分があまりないのが特徴です。toitoise-shellは「べっ甲」のこと。

「ここに気をつけて読もう」の解説
Commentaries on Grammar Points

→ p.15

① この passed は自動詞ですか、それとも他動詞ですか？

They did not know any of the people they <u>passed</u> on the stairs on their way to and from their room.

▶ ▶ ▶ 他動詞です。

解説 動詞には目的語（名詞）を伴う他動詞と、目的語を伴わない自動詞の用法があります。pass にも Ichiro passed by me.（イチローがボクのそばを通った）のように「（人・車などが）通り過ぎる、通る」という自動詞の用法と、His car passed the bus.（彼の車はバスを追い越した）のように「…を追い越す」という他動詞の用法があります。

この文は関係代名詞が省略されていますので、それを補うと、They did not know any of the people <u>that</u> they passed on the stairs on their way to and from their room. となります。pass は「…とすれ違う、…のそばを通り過ぎる」という意味の他動詞で、後に目的語がありません。したがって、関係代名詞が省略されていることがわかります。なお、関係代名詞を省略することができるのは主に「目的格」の関係詞節ですが、基本的には〈先行詞（名詞）＋ whom / which / that ＋主語＋他動詞〉という形式をとります。

ちなみに、Paul passed the gate. という他動詞文は、「ポールは門のそばを通り過ぎた」（＝ Paul passed by the gate.）と「ポールは門をくぐって通り抜けた」（＝ Paul passed through the gate.）という二通りの意味に解釈できます。他動詞文の場合は、目的語はあくまでも通過される対象物として表されています。これに対し、自動詞文では、byやthroughなどの方向や位置を表す前置詞を伴い、その空間関係を明示します。

Ch.1 Cat in the Rain

→ p.15

② 冒頭に in the good weather がきている理由はわかりますか？

In the good weather there was always an artist with his easel.

▶ ▶ ▶ 文頭に副詞句が置かれるのは文脈において、強調や対比をするためです。

解説 文中で、in the good weather のような副詞句は、比較的自由な位置に置くことができます。しかし、**時や様子を表す副詞句は文末に置かれるのが基本**です。ですから、こうした副詞句を**あえて**文頭に持ってくる場合は、状況や場面の設定、すなわち話し手がこれから語ろうとすることの導入や、話し手の立場からのコメントになります。

ここでは、in the good weather のように文末に置いてもあまり意味の変わらない副詞句を、あえて文頭に置くことによって、ここでは「今日は雨だけれども、天気がよければ、いつも絵描きがいる」といった具合に**強調や対比**を行っています。ですので、副詞句が文のなかでどの場所にあるのかにも注意しながら読む必要があります。

→ p.15

③ 前の文に an artist がありますが、この文では the artist ではなく artists と複数形になっているのはなぜでしょうか？

Artists liked the way the palms grew and the bright colors of the hotels facing the gardens and the sea.

▶ ▶ ▶ 特定の画家を表すのではなく、一般的に誰でもイメージできる画家を表しているからです。

解説 the artist としてしまうと、前の文に出てきた一人の特定の画家を指すことになりますが、ここではそのようになっていません。名詞の複数形で冠詞をつけていない表現は**「総称」**を表すことがあります（→p.81）。

総称とは、一般的な概念や、特定の種類全体を表す用法です。I like the cat. は

25

「私はその猫が好き」という意味ですが、「私は猫が好き」という場合はI like cats.となります。私が好きなのは「一般的な猫、（生物種としての）猫全体」であって、「ある特定の一匹の猫」ではないということです。

つまり、この文は**「画家っていう人たちは…が好きである」**という**一般論**になっているわけです。

→ p.15

④ この文のstoodの意味はわかりますか？

Water <u>stood</u> in pools on the gravel paths.

▶ ▶ ▶ 「水などが淀んでいる」「溜まっている」という意味です。

解説 動詞のstandは、「立っている」「位置している」というような意味の自動詞用法を思い浮かべる方が多いと思います。また、他動詞としても「…を立てかける」、cannot standで「…には我慢できない」という意味もありますね。

ここでは、**「水などが淀んでいる」「溜まっている」**という意味です。standは「立っていて、その場所にある」という意味が原義ですので、「水がその場所にある」の連想から「水が溜まっている」という意味になることが推測できますね。poolsは「水たまり」です。poolはpuddleより大きめの水たまりなので、「砂利道に大きな水たまりができていた」という意味になります。

なお、この前の部分で雨が降っているということがさりげなく導入されています。また、このWater stood in pools ...という表現は、後に出てくるThe American wife <u>stood</u> at the window looking out.という表現と呼応します。単に「アメリカ人の女性が窓側に立っている」のではなく、前文との繋がりで、彼女の（心の）中に雨水が溜まっているような様子を連想することも可能です。

Ch.1 Cat in the Rain

→ p.15

⑤ この so は「とても」と訳すのが適切でしょうか？

The cat was trying to make herself <u>so</u> compact that she would not be dripped on.

▶ ▶ ▶ 〈so ... that ～〉構文は、so「そのように」→ that「どのように」と情報を展開させる役割を持つ構文です。

解説 ここでは「一生懸命身をかがめている」→「雨に濡れないように」と読んでいきます。ですので、so を「とても」と短絡的に考えないようにしておきたいところです。

　また、この文の一つ前の文に初めて猫が出てきました。そこでは初出であるため、a cat と不定冠詞の a を伴って表されています。これ以降、猫は、the cat と文脈的共有の定冠詞 the を伴って描出されます。また、通常「猫」を代名詞で受ける際には it を用いますが、ここでは she を用いて擬人化し、親しみを込めた言い方になっています。アメリカ人妻が猫を見た瞬間、その猫に感情を移入してしまうぐらい親しみを感じたということを表しています。

→ p.15

⑥ ここの現在進行形と will の違いはわかりますか？

"<u>I'm going</u> down and get that kitty," the American wife said.

"<u>I'll</u> do it," her husband offered from the bed.

"No, <u>I'll</u> get it. The poor kitty out trying to keep dry under a table."

▶ ▶ ▶ 現在進行形は「ある行為・状態に向かいつつある」「気持ちの上ではそこに向かっている」というニュアンス。will は「話し手の現在の意志」を表します。

27

解説 妻が I'm going down and get that kitty.（子猫を捕まえてきたい）と言ったのに対して、夫は I'll do it. と返答するにとどめています。妻の be ...ing（進行形）と夫の will の違いについて考えてみましょう。

どちらも「未来に行うことがら」を表わしていますが、実は、これら二つには意味の違いがあり、その違いから**夫婦のすれ違い**を読み取ることができるのです。現在進行形は「ある動作が進行中、まだ終わっていない」であることから、**「ある行為・状態に向かいつつある」「気持ちの上ではそこに向かっている」**という意味になります。つまり、彼女の心の中では、猫を捕まえに行くという行為が既に始まっているのです。

助動詞の will は、**話し手の現在の意志**を表わします（主語が第三者の場合には推量の意味になります）。夫の発話は意志を表していますが、妻はそれを本気の発話とは捉えていないようです。そのため、彼女は "No, I'll get it." と言って、まずは夫の提案を拒絶します。夫の発言の内容についてまったく信頼をしておらず、「どうせやってくれないのなら自分でやる」と彼女はここでハッキリと意志を示しているわけです。

ちなみに、be going to ... も元々は進行形ですので、will とは異なり「既にそうすることを決めている」というニュアンスを伴います。

→ p.17

⑦ reading と lying のそれぞれの文法的な役割はなんでしょうか？

The husband went on <u>reading</u>, <u>lying</u> propped up with the two pillows at the foot of the bed.

▶ ▶ ▶ **reading は動名詞で went on の目的語になっています。lying は現在分詞で「寝そべりながら」と付帯状況を表しています。**

解説 The husband went on reading という完全な文に、lying ... という現在分詞が続いています。このような〈SV, ...ing〉という構造は、**付帯状況の分詞構文**になります。主節の動詞動作と**同時性**を表す役目を持っていますので、

28

Ch.1 Cat in the Rain

「本を読み続けること」と同時に「二つの枕に寄りかかって寝そべった状態のままだったということ」を表しています。

　自分の奥さんと話しているのに、顔を上げることなく、横になって本を読んでいる夫の姿は、みなさんの目にはどのように映りますか？

→ p.17

⑧ このasの意味は？

The wife went downstairs and the hotel owner stood up and bowed to her <u>as</u> she passed the office.

▶ ▶ ▶　**同時性を表す接続詞です。**

解説　これは**接続詞**のasで、その基本的な意味は**「同時性」**です。「彼女がフロントを通りかかった<u>ときに</u>（通りかかったの<u>と同時に</u>）、宿屋の主人がお辞儀をした」ということです。この作品には他にもasが使われていますので、意味の確認をしながら読み進めてください。以下に、asの用法を示しておきます。

1 「同時性」を表す

I saw Professor Hamada <u>as</u> I was walking down the street.
（道を歩いているときにハマダ教授を見かけました）

→　主節の動作と従属節の動作が同じ時間帯に生じていることを表します。

2 「比例」を表す

<u>As</u> time goes by, everything changes.
（時が経つにつれ、すべてのものが変わっていく）

3 「様態」を表す

Do <u>as</u> you like.（好きなようにしなさい）

4 「理由」を表す

<u>As</u> he came back, I decided to leave there.

29

（彼が戻ってきたので、その場を離れることにした）

5 「譲歩」を表す

Tired <u>as</u> he was, he walked to the station from the campus.
（彼は疲れていたにもかかわらず、大学から駅まで歩いた）

→ この譲歩のasはBeing as tired as he was, he walked to the station from the campus. のbeing asの部分が省略されたことで、生まれてきた文と考えられています。

→ p.17

⑨ wayの後ろに省略されている語句は？

She liked the deadly serious <u>way</u> he received any complaints.

▶ ▶ ▶ **in which** が省略されています。

解説 省略されているin whichを補うと、She liked the deadly serious way <u>in which</u> he received any complaints. となります。「どんな文句であっても彼が聞き入れてくれるひどく真剣な姿勢を気に入っていた」という意味です。

関係副詞のhowを入れたいところなのですが、**the way howという表現は使うことができない**ので注意しましょう。例えば、「彼のやりかたは気に入らない」を英語で言うなら、I don't like the way he did. / I don't like how he did. / I don't like the way in which he did. / I don't like the way that he did. のようになります。

ちなみに、the wayを用いた表現として、That's the way it is. というものがあります。これは、「そういうものなんだ」というニュアンスで、「現状を受け入れなければならない」「仕方がない」というに使う表現ですので、ぜひ覚えておきましょう。「英語って覚えることがたくさんあるんですね…」と嘆くあなたにひとこと。That's the way it is. ですよ！

Ch.1 Cat in the Rain

→ p.17

⑩ 文頭のlikingは動名詞、それとも現在分詞でしょうか？

Liking him she opened the door and looked out.

▶▶▶ 現在分詞です。

解説 文頭に動詞の-ing形が置かれている場合、主に次の三つのパターンが考えられます。

1 文の主語になっている（動名詞）
2 分詞構文
3 形容詞的に後ろの名詞を修飾して主部の一部になっている

　この三つの構文上の見分け方のポイントは、**後に主語と動詞が出てくるかどうか**です。主語と動詞が出てきたら、**2** 分詞構文または、**3** の形容詞的に後の名詞を修飾して「…している〜」いう意味だと判断できます。

　つまり、**1** は〈[V-ing ...] + V〉という構造、**2** は〈[V-ing ...] + S + V〉**3** は〈[V-ing + 名詞] + V〉という構造になります。ここでは、she opened the doorという〈S + V〉が後続しますので**分詞構文**です。ここでは、「好きだと思いながら」という、同時性のasの意味を補って読んでおくといいでしょう。

　ちなみに、Flying planes can be dangerous.という文のflyingは **1** 〜 **3** の用法のうちどれでしょうか？ 正解は、**1** と **3** のどちらもです。**1** の場合は「**飛行機を飛ばすことは危険なことがある**（墜落や衝突の可能性があるので、飛行機の操縦には危険が伴う）」という**動名詞**となります。また、「飛んでいる飛行機は危険なことがある（墜落や衝突によって、被害をもたらす可能性があるから）」という**現在分詞の形容詞的用法**とすることもできます。

　ここで、簡単に分詞構文についてまとめておきます。分詞構文といえば、一般的に次のような書き換えを通して学んできたと思います。

When I came home, I found all my family had gone out.

→ Coming home, I found all my family had gone out.（分詞構文）

1 従属節の接続詞を削除する。

2 従属節の主語と主節の主語が同じ場合は、従属節の主語は削除、違う場合は残す。

3 従属節の動詞を **-ing** に書き換える。受動態の場合もしくは進行形の場合は **being** を省略し過去分詞または **-ing** から始めることもできる。

　もちろん、この構造的な変換は「構文」を理解する上では重要なものです。ですが、あえて分詞構文で表されている場合は、**それなりの理由がある**のです。条件や理由などが文脈から明らかで、**接続詞を明示する必要**がないと話者が判断した場合に用いられます。また、やや形式張った文体であるとも判断されます。

→ p.17

⑪ perhaps は何を修飾していますか？

Perhaps she could go along under the eaves.

▶ ▶ ▶ **文全体を修飾します。**

解説　副詞の基本的な役割は、動詞・形容詞・副詞を修飾します。ここでは、特定の語句を修飾するのではなく、文全体を修飾する副詞（文修飾の副詞）について考えてみます。

　この文の perhaps は、蓋然性（ある事柄が実際に起こりそうかの「確実性」の度合い）を表す文副詞です。蓋然性を表す文副詞として、他にも apparently、evidently などがあり、大抵は文頭に置かれますが、文中、文末の場合もあります。

　なお、次に挙げるように、副詞は置かれる位置によって意味が変わってしまうことがあります。

1 Happily she died.（幸い、彼女は亡くなった）
2 She died happily.（彼女は幸せそうに亡くなった）

　家族に看取られて亡くなっていくような様子を言いたいときに、Happily she died. と言ってしまうと、不謹慎だと怒られてしまいます。**1** は文副詞の happily で、「彼女が亡くなった」と言うことに対して、話し手の見解や気持ちを述べているからです。一方、**2** の happily は動詞 died を修飾する副詞です。

→ p.17

⑫ この文の it の用法は？
It was the maid who looked after their room.
▶ ▶ ▶　**前方照応の代名詞です。**

　it が主語になっている場合は、その it は以下の四つのうちのいずれかだと考えられます。

1 代名詞として前の内容を受ける
2 天気・時間・距離を表す文の主語
3 後に出て来る to do、動名詞または〈that S+V〉を指す仮主語（形式主語）
4 強調構文の主語

　まず、it =「傘を差してくれた人」と考えることができますね。つまり、この it は前方照応の代名詞（**1**）であり、「誰かが傘を差してくれた」→「それは部屋係のメイドだった」と言う流れになります。もう一つの可能性として、以下に示すように、この文を**強調構文**（**4**）と捉えることもできます。

　もともとの文は The maid looked after their room. というものでしたが、the maid に焦点を当てておきたいので、It is X that Y の X のなかに the maid を入れて、残りの部分を Y に入れます。そうすると It was the maid that looked after their room. となりますが、この文のように、Xの部分に人が入ると関係代名詞と同じようにwhoが使われることもあります。しかし、ここでは文脈的に「メイド」を強調するのは不自然なので、やはりitは代名詞だと考えるのが妥当です。

　ちなみに、強調構文では、thatやwhoが省略されることもあります。ある有名なテーマパークのアトラクションに、It's Laughter We're After と書かれていますが、これも強調構文。「私たちが追い求めるのは笑いである」→「**笑いこそすべて**」という意味ですね。

→ p.17

⑬ ここのwithの用法は？

With the maid holding the umbrella over her, she walked along the gravel path until she was under their window.

▶ ▶ ▶ 「**付帯状況の with**」です。

解説　付帯状況のwithは〈**with＋名詞＋様子・状態・状況を表す語句**〉という形で、「…が〜という様子で［〜しながら／〜したままで］」という意味になります。様子・状態・状況を表す語句は、前置詞句・形容詞・副詞・分詞（現在分詞・過去分詞）のいずれかです。この〈with＋名詞＋様子・状態・状況を表す語句〉は文頭または文末に置かれます。

　付帯状況のwith ...は文頭と文末では意味が異なります。文頭の場合は、主に**状況説明や、条件、理由を述べてから主節が展開**します。一方、文末にきた場合は、**主節の内容の補足的説明**になります。例えばDon't speak with your mouth full. という文では、「話してはいけない」と述べた後に、「どのように話してはいけないのか」を具体的に示しています。

　ここでは、文頭の付帯状況のwithですので、「メイドが傘をさしてくれていたので、彼女は…」と状況を説明しています。

Ch.1 Cat in the Rain

→ p.19

⑭ この使役動詞のmakeには「強制性」はありますか？

The padrone <u>made</u> her feel very small and at the same time really important.

▶▶▶ 使役動詞の make には「強制使役」と「自発使役」があり、ここでは強制性はありません。

解説 基本的な使役動詞の用法について、以下で確認しておきましょう。

1 let
相手が望んでいることを望みどおりに「させてやる」という**許可**の気持ちを表します。

2 make
相手の意思に関わらずその人に「させる」、あるいは「（無理にでも強制的に）…させる」意味です。

3 have
話し手が目的語の人に対して「当然してもらえる」と思っていることを「…してもらうようにもっていく」ことを表します。例えば、I had my son clean up his room.（息子に自分の部屋を掃除させた）という文は、自分の息子に自分自身の部屋を掃除してもらえると考えており、「当然やってくれるはずだ」という気持ちがこの文の意味に含まれています。

　ここでmakeが使われているのは、彼女の意思とは関係なく、「宿屋の主人の立ち居振る舞いが、彼女に自分がとても小さく、そして同時にとても大切なものだと**感じさせた**」という意味になります。一般にmakeは相手の意思に反して、動作主が意図的に強制するというニュアンスだと考えられていますが、この例のように、そうではない場合もあります。これを**「自発使役」**と呼ぶこともあります。例えば、Our boss makes us feel comfortable and equal.（我々の上司は、私達を

35

快適で平等な職場にいる気持ちにさせてくれる）のように、主語が原因となり、目的語の行為が**自発的に**起きるタイプの使役です。

→ p.21

⑮ ここでの let の時制は？

Don't you think it would be a good idea if I <u>let</u> my hair grow out?

▶ ▶ ▶ **過去形です。**

解説 ⑭で見たように、let は相手が望んでいることを望み通りにさせてやるという意味になりますが、それは特に目的語に人がきた場合です。Ken let Jane go out. と Ken made Jane go out. において、前者は「ジェーンが外に行きたいと望んでいるから、その通りにさせた」という意味になります。後者は、「ジェーンが外に行きたいかどうかに関係なく、外に行かせた」という意味です。let には「そのままにしておく」という意味があるので、モノが目的語に来ているこの文は「髪の毛をそのまま伸ばしっぱなしにしたい、させてほしい」という意味になります。

let は現在形・過去形・過去分詞がすべて同形ですが、ここでは It would be ..., if I ～「もし～なら、…でしょう」という**仮定法過去**の形になっているため、過去形です。現在の事実に反することについて述べており、「短い髪に飽きたので、長くしたい」という願望が現れています。

→ p.21

⑯ この clipped は過去形ですか、過去分詞ですか？

George looked up and saw the back of her neck, <u>clipped</u> close like a boy's.

▶ ▶ ▶ **過去分詞です。**

36

Ch.1 Cat in the Rain

> **解説** 「少年のように短く刈り上げられた彼女のうなじ」という意味です。
> clipped close like a boy'sはwhich was clipped close like a boy'sと言い
換えることもできますが、the back of her neckを後から修飾しています。

→ p.21

⑰ 省略されている語を補ってください。

I like it the way it is.

▶ ▶ ▶ **I like it the way** that **it is.**

> **解説** この文はI like it the way <u>that</u> it is. がもとの形であったと考えられます。
> このthe way（that）... は接続詞用法で、**「…のような」**という「様態」
を表わしています。asにも同じ用法があり、この文はI like it <u>as</u> it is.と書き換え
ることも可能です。

→ p.21

⑱ 動詞laidの原形は？

She <u>laid</u> the mirror down on the dresser and went over to the window and looked out.

▶ ▶ ▶ **lay「…を横たえる」**です。

> **解説** このlaidは、lay「…を横たえる」（lay-laid-laid）の過去形です。layは他
> 動詞ですが、「横たわる」という意味の自動詞にlieがあります。こちら
は、lie-lay-lainと変化します。
> 　混乱してしまう原因はlieの過去形がlayの現在形と同じだからですね。

	意味	過去形	過去分詞	現在分詞
lay	他動詞（「…を横たえる」）	laid	laid	laying
lie	自動詞（「横たわる」）	lay	lain	lying

37

→ p.21

⑲ ここでの不定詞の用法は？

Oh, shut up and get something <u>to read</u>.

▶ ▶ ▶ **形容詞的用法です。**

解説 something to readのto readは不定詞の<u>形容詞的用法</u>で、somethingを修飾しています。名詞を修飾することができるものが形容詞であることからも判断できると思います。

→ p.23

⑳ この文のitの用法は？

<u>It</u> was quite dark now and still raining in the palm trees.

▶ ▶ ▶ **天候を表す it です。**

解説 文の主語のitの用法については、⑫を確認しておきましょう。
なお、この文を通じて、英語の表現の特徴について確認しておきましょう。英語では**「抽象→具体」「全体→部分」**という流れを重視することがあります。まず、ぼんやりと全体像を提示し、次にくわしく説明します。ここでも、まず全体像として、quite dark「かなり暗くなった」と形容詞で提示します。そして、still raining「まだ雨が降っている」と具体的に述べています。さらに具体的にin the palm treesと場所まで限定します。こうした情報の流れを意識しながら読めるようにしていきましょう。

→ p.23

㉑ この文の主語は？

In the doorway stood the maid.

▶ ▶ ▶ **主語は the maid です。**

38

Ch.1 Cat in the Rain

解説 In the doorway stood the maid. は倒置で、もとの形はthe maid stood in the doorway. です。つまり、この文の主語は<u>the maid</u>です。この倒置は夫の目線を捉えていると考えられます。すなわち、「本から目を離して、ドアを見る。そうすると誰かが立っている。そしてメイドがいた」という**認識の流れにしたがった描写**になっているわけです。

解釈のポイント ・・・・・・・・・・・・・・・・・・・・ Beneath the surface

❶ liked が繰り返し出てきますが、これはどんなことを言っているのでしょうか？

The wife <u>liked</u> him.

→ 宿屋の主人と出会う場面です。ここで何度と繰り返されるshe likedという表現でもって彼女は主人を好意的に捉えていることがわかります。こうした同じ語句の使用を**「反復」(repetition)** と呼び、**強調や強い感情**を表出します。宿屋の主人に対する好意が表されていますが、夫への好意については、一切この物語には描き出されていません。ここから、夫婦関係が少しギクシャクしていることが読み取れると思います。

❷ なぜ、ここでgirl という呼び方が出てきたのでしょうか？

"There was a cat," said the American <u>girl</u>.

→ これまでアメリカ人女性はwifeと呼ばれてきましたが、ここで突然、girlと呼称が変化しました。一般的にwifeは既婚者を、girlは未婚の若い女性を指すのですが、ここでは既婚者のアメリカ人の妻をgirlと呼んでいます。つまり、**一般的な意味として使われる用法から逸脱している**ので、そこには何らかの意図があると考えます。そこで、女性についての呼称について物語の流れに沿って考えてみましょう。

物語の冒頭部分はthe American wife、ネコを探すために部屋を出て、階段を下りるという場面からthe wifeに変わります。さらにホテルの外に出てネコがいないと気がついたときに、the American girlとなり、部屋に戻る最中、宿屋の主人とすれ違うところまでがthe girl。最終的に部屋に戻るとhis wifeと呼ばれます。

ここで、話し手がその女性をgirlと呼んだことには、何らかの意図があります。この成人女性を少女と呼ぶことで**未熟さが前景化**され、これ以後の彼女の発言は大人の発言ではないようなものになっていきます。

❸ **I wantedの繰り返しは何を意味するのでしょうか？**

"<u>I wanted</u> it so much," she said. "I don't know why <u>I wanted</u> it so much. <u>I wanted</u> that poor kitty. It isn't any fun to be a poor kitty out in the rain."

→ ここでもI wantedの反復が見られます。こうした「おねだり」をするのは大人ではなく子供だと思いませんか？ さらにここで使われている代名詞のsheは直前に出てきたthe girlを受けています。**幼さを象徴している**かのようです。

Ch.1 Cat in the Rain

作品の舞台のモデルとされるイタリア・ラッパロの Hotel Riviera
https://www.hotelrivierarapallo.com/en/

ワンポイント文法講義 ①
Mini-lecture

文中における
分詞と冠詞の働き

　分詞は現在分詞と過去分詞について、冠詞は定冠詞と不定冠詞について整理していきます。まずは、分詞からです。ここでは分詞の役割として、「名詞を修飾する」「補語になる」「動詞や文全体を修飾する」というそれぞれの働きについて見ていきます。

▎現在分詞が名詞を修飾する ▎

物語の冒頭部分には次のような文が出てきました。

　　Their room was on the second floor <u>facing the sea</u>.

　動詞の -ing 形の facing に注目してみましょう。この facing the sea「海に面している」は、「何が」海に面しているのでしょうか。彼らが滞在する部屋の窓から海が見えています。つまり、facing the sea は the second floor「二階」ではなく、their room という名詞を修飾（説明）しています。**名詞を修飾することのできる品詞は形容詞**ですので、この facing は**現在分詞の形容詞的用法**です。

　本来でしたら、Their room facing the sea was on the second floor. となるところですが、facing the sea が文末に置かれています。この理由は後ほど考えます。

　さらに、この現在分詞の形容詞的用法は前の名詞を修飾する役割があると考えると、関係代名詞と似たような機能を持っていることがわかります。この文を、関係代名詞を用いて書き換えてみると、Their room <u>which faced the sea</u> was on the second floor. となります（... which <u>was facing the sea</u> ... にならないことに注意）。

　さて、ここで facing the sea が文末に置かれた理由を考えてみましょう。一般に、**文末には大切な情報や新しい情報が来る**ことになっています。つまり、海に面しているということが大切な情報になっているのです。それはこの文のあとに

展開する情景描写の導入へとつながっていくことでもわかりますね。

　なお、名詞を修飾する現在分詞と過去分詞の違いについて、よく見る例を通してまとめておきます。

---

(1) <u>falling</u> leaves 「ひらひら落ちていく葉っぱ」

　　➡ 現在分詞で、「今落ちている」という進行的な意味を表しています。

(2) <u>fallen</u> leaves 「（地面に落ちている）落ち葉」

　　➡ 自動詞の過去分詞（形容詞的用法）で、完了的な意味を表しています。

　日本語で「落ち葉」というと、「今、ひらひらと舞っている葉っぱ」「既に地面に落ちている葉っぱ」の両方を指しますが、英語では上のように厳密に区別します。

　現在分詞が名詞を修飾するときには、**「能動・進行」**（「…している」）の意味があります。そして、過去分詞の場合は**「受け身」**（「…された」）あるいは**「完了」**（「…し終えた」）の意味になります。これもよく見る例ですが、a drowning man は「溺れ（て死に）かけている男性」を意味し、a drowned man は溺れたことが完了しているので、「今は溺れてはおらず、既に命を落としている男性」すなわち「溺死した男性」を表します。また、a stolen car「盗まれた車」のように、他動詞の過去分詞は完了ではなく受け身の意味を持ちます。

▎現在分詞が不完全自動詞の補語になる ▎

　次の -ing 形はどうでしょうか？

The American wife stood at the window <u>looking</u> out.

　ここで使われている looking も現在分詞ですね。では、前の名詞（the window）を修飾していると考えてもよいでしょうか。その場合は、名詞と分詞の間に主語と述語の関係が必要になります。そこで、the window is looking out としたらどうでしょう。これでは意味が成立しません。そうすると、この looking

は名詞を修飾する現在分詞の形容詞的用法と言うことはできません。

　分詞は不完全自動詞の文（SVC）と不完全他動詞の文（SVOC）において、**補語（C）** になることがあります。例えば、She stood facing me.は「彼女は私に向き合って立っていた」という意味の文ですが、このfacingという現在分詞は **「動作の状態」** を表します。また、Kate kept me waiting for an hour at the station.は「ケイトは私を駅で一時間待たせた」という状態を表しています。looking outも、これらの例と同様に、「アメリカ人の妻が窓のところにどのような様子で立っていたのか」という動作の状態を描写しているわけです。

▎付帯状況を表す分詞構文に慣れましょう▎

では、次の文はどうでしょうか？

The husband went on reading, <u>lying</u> propped up with the two pillows at the foot of the bed.

　ここでもlyingという動詞の-ing形が使われていますので、その役割について考えてみましょう。この文ではwent on readingの後ろにカンマが置かれていますので、ここで一度、文を区切って考えることができます。そのため、lying以下は自動詞の補語という役割を担うことができません。例えば、She is, beautifulという英語はおかしいですよね。また、直前の名詞を修飾していませんので、形容詞的用法として扱うこともできません。そこで、この文で使われている現在分詞は **分詞構文** として考えます。通例、文末に分詞構文が置かれると、付帯状況の分詞構文となり、**本動詞で表される動作と分詞で表される動作の同時性** を表し「…しながら」という意味になります。

　妻が窓のそばに立ち、外を見ながら、「下に行って、あそこの子猫ちゃんを捕まえてくるね。雨に濡れていてかわいそうだから」と夫に話しかけます。こうした状況で夫の様子が付帯状況の分詞構文で描写されています。夫は横になったままでベッドの端に枕を二つ重ね、そこに寄りかかりながら、本を読んでいました。

Ch.1 Cat in the Rain

そんな夫の「自分が行こうか？」という提案は、本当に彼女のことを思って言っているようには思えません。この付帯状況の分詞構文が用いられた文から、夫は彼女に関心を示さず、自分の読書の世界に没頭したいと思っている様子をうかがい知ることができるのです。

　こうした、夫の態度はいくつかの場面で見ることができますが、大抵は付帯状況を表す分詞構文で描き出されています。物語の後半、妻が階下に降りて猫を捕まえに行くも、猫はもうおらず、がっかりして部屋に戻ってきます。その場面の描写を見てみることにしましょう。

> George was on the bed, <u>reading</u>.
> "Did you get the cat?" he asked, <u>putting</u> the book down.
> "It was gone."
> "Wonder where it went to," he said, <u>resting</u> his eyes from reading.
> She sat down on the bed.
> "I wanted it so much," she said. "I don't know why I wanted it so much. I wanted that poor kitty. It isn't any fun to be a poor kitty out in the rain."
> George was reading again.

　部屋に戻ってくると、まだ夫のジョージはベッドの上で本を読んでいます。ここでも reading (the book) という付帯状況の分詞構文が使われています。そして、夫は本を置きながら妻に質問をし、読書に疲れた目を休ませながら話しかけます。やはり夫の描写部分からは、妻への気遣いを読み取ることができません。さらに、妻が猫を欲しかったと訴えている最中の夫の描写は、George was reading again. と進行形になっています。つまり、夫は妻の話をまともに聞こうとせず、聞き流しながら、本を読んでいたのです。こうした**二人の微妙なすれ違い**が、現在分詞で効果的に描き出されているところを読み取ることができたと思います。

45

文頭に付帯状況を表す分詞構文がくる理由を考えてみましょう

文中に登場する現在分詞の例を、もう一つ見てみましょう。

Liking him she opened the door and looked out.

ここはどうでしょうか？ 彼女は宿屋の主人に好意を寄せており、そのことで頭の中がいっぱいになります。それは直前にshe likedが繰り返されていることからもわかります。彼女が、夫にはない優しさを、宿屋の主人に見ているかのような様子がここに描写されています。彼女は親切にしてもらった宿屋の主人のことを思いながら、ドアを開けて、外を見たのです。彼女の高まる気持ちがLiking him she opened the door and looked outと表されています。さらに、The cat would be around to the right. Perhaps she could go along under the eaves. という二つの文は、猫を探す彼女の「心の中の声」を描写していると考えてよいでしょう。それぞれに助動詞（would / could）や蓋然性を表す文副詞（perhapsやprobablyなど）が使われることで、この文の語りが**登場人物寄りの視点からの語り**になっていることがわかるのです。

外に出た彼女は猫を探します。雨脚が強くなっている中、後からやってきたメイドに傘をさしてもらい、自分の部屋の真下にやってきました。しかし、猫はすでにいなくなっていました。She was suddenly disappointed. と、彼女はひどくがっかりします。

こうした彼女に期待と失望がほぼ同じタイミングで起こり、その失望感を効果的に表すために、分詞構文が使われていると考えてもよいでしょう。つまり、「どのように」「どこ」「いつ」という副詞的な要素としてのLiking himが文頭に置かれ、その語句を**強調**したり（主題にする）、前後の情報のつながりの中で**対比**する役割があります。ここでは彼女が宿屋の主人に対して好意を寄せているということを明確にすることで、後の失望とのギャップを大きくして、彼女の落胆の激しさを強調しているのです。

Ch.1 Cat in the Rain

▎不定冠詞（a）と定冠詞（the）の使い方に注意して読んでみましょう ▎

アメリカ人の妻は宿屋のメイドと一緒に猫を探しに外に出てみるも、すでにそこには猫がいませんでした。その時に、彼女は次のように言います。

"There was a cat," said the American girl.

There was a cat. の使い方を確認しましょう。〈There is ＋不定冠詞＋名詞〉という構文は、**聞き手がまだ知らないと発話者が思っているもの**について、その存在を言及する際に使われます。つまり、言及される名詞が、**聞き手にとって新情報**であることを伝えるために、名詞の前に不定冠詞の a が置かれるのです。すでに物語の中で、猫は繰り返しアメリカ人の妻の口から語られていますが、**メイドにとっては新しい情報**ですので、妻は a cat と言っているのです。

次のアメリカ人の妻の発話についても考えてみましょう。

"Yes," she said, "under the table." Then, "Oh, I wanted it so
　much. I wanted a kitty."

I wanted it so much. の it は、アメリカ人の妻の部屋から見えた猫を指しています。彼女は頭の中で、テーブルの下にいた「あの猫」を思い浮かべながら探していたのです。しかし、次の文の a kitty はどうでしょうか？ 不定冠詞の付いた名詞なので、前に出てきた猫を指すことはできません。彼女が部屋から見かけた猫について言及しているのではありません。この部分は、彼女が単純に「子猫を飼いたい」と思っていたと考えることもできますし、文学作品の読みとして、a kitty を a baby と考え、**「妊娠願望の表れ」**だと考える研究者もいます。みなさんも、なぜここで a kitty となっているのか、考えてみましょう。

さて、夫のいる部屋に戻ってきた二人の会話をもう一度見てみましょう。

47

"Did you get the cat?" he asked, putting the book down.

"It was gone."

"Wonder where it went to," he said, resting his eyes from reading.

She sat down on the bed.

"I wanted it so much," she said. "I don't know why I wanted it so much. I wanted that poor kitty. It isn't any fun to be a poor kitty out in the rain."

　夫と妻の間では「猫」についての情報はすでに共有されていますので、定冠詞theで猫が言及されます（the cat）。そして、妻の発話でも猫はitやthat poor kittyで示されていて、それらは全て彼女が探していた猫を指しています。

　しかし、直前ではthat poor kittyが出てきた次の文にIt isn't any fun to be a poor kitty out in the rain.というように不定冠詞の付いたa poor kittyが出てきます。そうすると、a poor kittyは彼女が部屋から見たかわいそうな子猫ではなく、一般論として「雨の中で濡れている猫がいたらかわいそうだ」と言っているのです。

　なぜ、彼女はこのような発話をしたかについて考えることについては、ヘミングウェイ研究者の今村楯夫氏が『ヘミングウェイと猫と女たち』（新潮選書）で、この部分について言及をしています。今村氏によれば、ここは「妻が猫を自分自身と同一化している」と考えられるそうです。自分自身を雨の中の猫のようにかわいそうな存在として認識し、それを夫に向けて言い放っているのです。

　しかしながら、夫の方は妻の訴えをちゃんと聞いてあげず、再び読書に興じているのです。分詞構文と不定冠詞の部分をしっかり押さえておくことで、二人の間に流れている微妙な空気を読み取ることができます。

Ch.1 Cat in the Rain

アメリカ人の妻が本当に欲しかったものは？

　最後の場面にも不定冠詞が出てきますので、この部分も確認しておくことにしましょう。

> "Anyway, I want a cat," she said, "I want a cat. I want a cat now. If I can't have long hair or any fun, I can have a cat."

　彼女が欲する猫はa catと表されていることからもわかるように、すでに窓の外に見た雨の中の猫ではなくなっています。ここでは、「髪の毛を伸ばしたい」や「銀食器が欲しい」などといった願望の一つとして、「猫を飼いたい」と彼女は考えているわけです。つまり、現時点の結婚生活において、彼女自身が手に入れられなかったものや、実現しなかったことが列挙されていると言っていいでしょう。

　これらは結婚生活において彼女が絶えず持っている願望であるため、**現在形**によって表わされています。彼女は窓の下にいた猫についてはもう欲しいとは思っていません。本当に彼女が手に入れたかったものは、幸せな結婚生活だったのかもしれませんね。

冠詞をヒントに読み直してみよう

　アメリカ人の妻が窓の外を眺めると、雨を避けようとカフェのテーブルの下に丸まっている子猫を見つけます。この「猫」は初出であるため、a catと不定冠詞のaを伴って表されています。これ以降は、the catと文脈的共有の定冠詞theを伴って描出されます。さらに、猫を代名詞で表す際にはsheが用いられ、擬人化させ親しみが込められた言い方になっています。**アメリカ人妻が猫を見た瞬間、その猫に感情を移入**してしまうぐらい親しみを感じたということを表しているわけです。

　さらにthe poor kittyの形容詞poorに注目してみましょう。あるものがpoorかどうかの判断基準は、人によって大きく異なります。ここでは、彼女が猫をpoorだと判断しているわけですが、こうした評価や**判断を表わす形容詞**は主体の

認識を読み解く鍵になることがあります。

　彼女が猫をpoorだと思ったのは、雨に濡れないように寂しくテーブルの下で小さく丸まっている姿がかわいそうに思えたからです。夫と二人でホテルに滞在するも、そこには楽しそうな会話も聞こえてきません。彼女が窓の外に猫を見つけて、夫に猫を捕まえてきたいと伝えますが、夫の返答からは気持ちが伝わってきません。こうした夫婦関係において彼女が孤独を感じ、雨を避けてうずくまる猫と重なりあったと考えてもよいかもしれません。

Ch.1 Cat in the Rain

"Cat in the Rain" の文脈を表現から読む　　　作品解説

　この短編小説はシンプルな英語で、しかもミニマルに描かれながらも多様な解釈を成立させる、ヘミングウェイ小説の中でも最高評価を獲得してきた作品です。

　夫婦の会話に注目して読めば、これが「婚姻関係の危機あるいは崩壊」の物語であることは明らかです。しかし会話のみならず、ストーリーに度々登場する子猫を「子供」の象徴として読めば、これは妻の繁殖の願望を示す「妊娠願望」の物語として読むこともできます。また、妻の「髪を伸ばしてみるのはどうかしら」というセリフを重視すれば、これが彼女自身の「大人に成長したい願望」を示す物語となるでしょう。何を重視して読むかで、解釈が異なってくるのです。

　他方で、登場人物らの振る舞いに注目して解釈することもできます。上辺だけ紳士的に振る舞う頼り甲斐のない夫と、それにもかかわらず逃げだせない無力な妻の関係性に注目すれば、この小説を、女性を隷属させる「男性中心主義」への批判としての、「性の政治」的な物語として読むことも可能でしょう。

　この作品の解釈をめぐる最大の学説的論争は、妻のお腹が「締め付けられて感じた（Something felt very small and tight inside the girl.）」という一節が妊娠の「事実」あるいは「願望」のどちらを示すのかというものです。妻は妊娠をしたのか、それとも妊娠への願望があるだけなのでしょうか。しかし、この疑問は、彼女がその後すぐに感じた「至高の重要存在であるかのような感覚（a momentary feeling of being of supreme importance）」がどこからやってくるものなのかを考えてみればはっきりするでしょう。彼女は母となり喜んだのか、あるいは宿主に恋をして特別な存在になったと感じたのか、自分なりに是非考えてみて下さい。

　さらに、妻に猫がプレゼントされる場面では「子猫（a kitty）」と「大きな三毛猫（a big tortoise-shell cat）」と別の表現が使用されていますが、それらは果たして同一の猫なのでしょうか。それを特定するには、誰の視点からその猫が描写されているのかを見極める必要があります。もしそれらの猫が異なる場合、宿主は、猫ならば何でも構わないだろうと思っていたことになるので、上辺だけの愛情を持つ、彼女を子供扱いする彼女の夫と何ら変わらない存在であることが判明します。

51

ヘミングウェイの短編小説とジェンダー
—— "Cat in the Rain" と "Hills Like White Elephants" から考える

　ヘミングウェイの短編小説は一般に、簡単で読みやすく、すぐに読み終わると言われています。その多くは、語り手による状況説明が少なく、登場人物らの会話が物語の大半を占め、あっという間に物語が終わります。無駄を省いた最小限のストーリーを、リズムよくシンプルに伝えるのがヘミングウェイの短編の最大の特徴です。

　しかし、現在でもヘミングウェイの短編が世界中の多くの読者に愛されているのは、「簡単に読み終わる」からではなく、「簡単に文脈をつかめない」ことにあります。彼の作品には、決して描かれない余白部分が多く存在しています。そういった「謎めいた」部分が読者の想像を最大限に膨らませ、魅了し続けるのです。

　このような性質をもつヘミングウェイの短編を理解するためには、可視化された最小限のストーリーを忠実に読み、それを動かぬ根拠として、つかみ所のない余白部分の文脈を想像する必要があります。その際、多くの研究者たちが実践しているように、「ジェンダー（gender）」という視点から登場人物らの会話や振舞いを観察し、余白に隠蔽されている謎を読み解く方法が効果的です。

　現代において「ジェンダー」とは（生物学的に規定されない）社会的・文化的・言語的に規定される「性差」を意味します。ジェンダーという視点から作品を論じることによって、性差の境界線を基準に、登場人物らのありようを見つめ、表層には決して顕れない、深層で展開している性差間の心理的・社会的・文化的な駆け引きを発見し、それを通してストーリーに隠蔽される多様な考えや問いを読み解くことができます。

　ヘミングウェイの文学において、ジェンダーという視点は、全体を貫く重要なテーマの一つと言えます。"Cat in the Rain" と "Hills Like White Elephants" には一見どこにでもいそうな、すれ違う夫婦の様子が描かれますが、ジェンダーという観点から眺めてみると、ジョージもジグの恋人も「ジェンダーという境界線」

を意識して描かれていることを発見できます。

　ジョージは終始読書に夢中で、妻の要望を無視する頼り甲斐のない夫です。しかし彼は、妻の欲する「雨の中の猫」を拾おうと言ったり、さらに妻が髪を長くしたいと訴えれば現状の短い髪型を褒めます。そして妻が子供のように猫や銀食器のセットをねだると、まるで父親かのような口調でそれを一蹴し、頑なに現状変更を認めません。

　またジグの恋人も表面上は、恋人を大切にする男性的振舞いを装っています。ですが、彼は彼女の出産を阻もうと必死で、本質的な話を避け、執拗に彼女の気を反らそうとします。さらに彼は、強いお酒を彼女に飲ませ、とにかく本質的話題を回避し、現状変更を阻もうとします。

　これらの小説で見られる「男性」的振舞いは、作品が執筆された1920年代の社会のジェンダーの役割を反映しています。家父長的存在だった男性は、常に「男性」的に振舞うことが求められていたのです。ジョージとジグの恋人が上辺だけ男性的に振舞うのは、彼らが本質的には頼り甲斐のない「非＝男性」的存在であるためです。これは彼らが「男性／非＝男性」という転覆的な存在であることを示唆するのみならず、ジェンダーという枠組そのものが実は曖昧で不安定な構築物でしかないという作家の批判的思考をも映しだしていると言えます。

　ヘミングウェイの短編小説はシンプルかつ簡潔だからこそ、このようにジェンダーのような視点を用いて、隠蔽された文脈を積極的につかんでいく必要があるのです 。是非ともジェンダーの視点から、他の多くの作品に登場する男女の振舞いを読み解いてみて下さい。作品の深層に、ジェンダーに関する様々な問題が隠蔽されているはずです。

Chapter 2
A Day's Wait

明け方、九歳の息子が両親の寝室に入ってきます。とても具合が悪そうなので、父親は、息子に部屋に戻って寝るよう促します。しばらくして父親が様子を見に行くと、暖炉の脇で息子がぐったりしていました。医者を呼んで診察をしてもらうと、「一〇二度」あります。薬を飲ませてから、父親は狩りに出かけます。帰宅後、息子は父親をなかなか部屋に入れようとしません。まだ熱の下がっていない息子は「ぼく、しんじゃうの？」と言います。父親が外出して、しばらくひとり横たわり、自分の死を考えていた九歳の男の子。その衝撃の結末。

まずは和訳をチェック

一日待つこと

　私たちがまだ寝室で寝ているところへ彼が入ってきて窓を閉めた。体調が悪そうだった。身体は震えながら、顔は蒼白く、動くと痛みがあるかのようにゆっくりと歩いていた。
「どうしたんだ、シャッツ」
「頭が痛いよ」
「ベッドに戻った方がいい」
「ううん、大丈夫」
「ベッドに戻りなさい。着替えたら、見にいくから」
　だが、私が階段を降りると、彼は着替えて暖炉の傍に座っており、いかにも具合悪そうな哀れな九歳児に見えた。額に手を当てると、熱があるのがわかった。
「ベッドに戻りなさい」と私は言った。「病気なんだから」
「大丈夫」と彼は言った。
　医者がやってきて、子供の熱を計った。
「何度でしょうか？」と私は尋ねた。
「一〇二度あります」
　一階に降りると、医者が色の異なる三種類のカプセルの薬を処方し、それらの服用法を教えてくれた。そのうちの一つは熱を下げるもの、もう一つは下剤、残りは身体の酸性状態を治すものだった。インフルエンザの細菌は酸性状態の中でのみ生存するものだと医者は説明した。彼はインフルエンザについて熟知しているようで、熱が一〇四度以上にならない限りは何の心配もないと言った。これはインフルエンザのちょっとした流行であり、肺炎を患うことさえ避ければ何の危険もないと言った。
　部屋に戻ると私は息子の体温を書きとめ、それぞれのカプセルを服用させる時間を記した。
「本でも読んであげようか」

Ch.2 A Day's Wait

「うん、パパがそうしたいなら」と息子は言った。顔はとても蒼白く、目の下には隈ができていた。彼はベッドにじっと横たわり、自分の置かれた状況に対して全く無関心なように見えた。

私はハワード・パイルの『カリブ海の海賊』を読み聞かせた。だが、彼は私の朗読を聞いていないのがわかった。

「気分はどうだ、シャッツ」と私は彼に聞いた。

「今のところちっとも変わらないよ」と彼は言った。

私はベッドの脚元に座り、もう一つのカプセルを服用させる時間になるまでの間、一人で本を読んだ。当然彼は眠りについたものと思ったが、顔をあげると、彼は実に奇妙な様子でベッドの脚元を見つめていた。

「眠ってみたらどうだい。薬の時間には起こしてあげるから」

「起きてたほうがいい」

少し経つと彼は「パパ、付き添ってここに居てくれなくてもいいよ、面倒なら」

「面倒じゃないさ」

「そうじゃなくて、ここに居てくれなくていいといってるの、面倒になるんだったら」

ひょっとして息子は少々意識が朦朧としているのではないかと思った。私は処方されたカプセルを夜十一時に服用させ、後にしばらく外に出た。

明るく晴れた寒い日だった。降った雨が凍りつき、地面を被っていたために、まるで落葉した木々や茂み、刈られた藪や雑草、さらに裸の地表がすっかり氷のニスで塗られていたかのようだった。私は若いアイリッシュ・セッター犬を連れて、凍てついた小川に沿って歩いたが、ガラスのような氷の地表を歩くことはおろか、立つことさえままならなかった。そのため、赤毛の犬は転んだり滑ったりし、私自身も二度強く転んだ。そのうち一度は銃を落とし、それが氷の上を滑っていった。

私と犬は藪がのしかかるように生い茂る小高い粘土質の土手の下からウズラの群れを飛び立たせ、群れが土手を越えて消え去っていくところを狙って二羽

57

撃ち落とした。何羽かは木々に舞い降りたものの、ほとんどのウズラは深い茂み中に散らばって隠れてしまった。ウズラをそこから飛び立たせる前に幾度か霜で覆われた草の山に飛び乗らなければならなかった。氷で覆われ弾力性をもった茂みの上でよろよろとバランスをとろうとする間にウズラが飛びだすので、撃ち落とすのに苦労した。二羽は撃ち落とせたが、五羽は撃ち損じた。家の近くでウズラがいることがわかって嬉しく思い、次の狩りの際にもまだたくさんのウズラが残っていることを喜びながら引き上げた。

　家に戻ると、息子は誰も部屋に入れさせなかったという。

　「入って来ないで」と彼は言った。「病気がうつってしまうから」

　傍まで行くと、彼は私が部屋から出て行った時とまったく同じ位置にいた。蒼白い顔をしたまま、熱で頬の上部が紅潮し、先ほどと同じようにじっとベッドの脚元を見つめていた。

　私は熱を計った。

　「何度あるの？」

　「一〇〇度くらいだ」と私は言った。実は一〇二と十分の四度はあった。

　「一〇二度はあったよ」と彼は言った。

　「誰がそう言ったんだい？」

　「お医者さん」

　「体温は問題ないようだ」と私は言った。「心配する程じゃない」

　「心配してないよ」と彼は言った。「けど頭から離れないんだ」

　「考えなくていい」と私は言った。「楽にしていなさい」

　「楽にしてるよ」と彼は言い、真っすぐ前を見た。彼は、見たところ、何か自分のことでこらえていた。

　「これをお水で飲みなさい」

　「少しでもましになるの？」

　「もちろんだ」

　私は腰をかけて先ほどの海賊の本を開いて声に出して読み始めたが、彼がついてきていないのが見ていて分かったので、読むのをやめた。

「死ぬまでにあとどれくらいあるの」と彼は聞いた。

「何だって？」

「僕が死ぬまでに大体どれくらいの時間があるの？」

「死ぬわけがない。一体どうしたんだ？」

「いいや、僕は死ぬの。お医者さんが一〇二度って言ってたのを聞いたもん」

「人間は一〇二度の熱では死なない。バカなことを言っちゃだめだ」

「それでも死ぬんだって知ってるよ。フランスの学校にいた時、人は四四度になると生きられないって友達が教えてくれたもの。僕は一〇二度もあるんだから」

彼は朝九時から、一日中死ぬのを待ち続けていたのだ。

「シャッツ、可哀想に」と私は言った。「可哀想なシャッツ。マイルとキロメートルのようなものだ。死にはしない。それは異なる体温計の話だ。その体温計だと三七度が正常なんだ。僕らの使っているものだと、九八度が正常だ」

「本当にそうなの？」

「もちろんだ」と私は言った。「マイルとキロメートルのようなものだ。わかるか、例えば車で時速七〇マイル出す時に時速何キロメートルになると思うかい？」

「ああ、なるほど」と彼は言った。

と言いながら、彼のベッドの脚元への眼差しは徐々に和らいでいった。彼を包んでいた強張りも和らぎ、翌日にはついにそれが緩やかになって、どうでもよいことにもすぐに泣くようになった。

文法に注意して読みましょう

①A Day's Wait

②He came into the room to shut the windows while ❶we were still in bed and I saw he looked ill. He was shivering, his face was white, and he walked slowly as though it ached to move.

"What's the matter, Schatz?"

"I've got a headache."

"③You better go back to bed."

"No. I'm all right."

"You go to bed. ④I'll see you when ⑤I'm dressed."

But when I came downstairs he was dressed, sitting by the fire, looking a very sick and miserable boy of nine years. ⑥When I put my hand on his forehead I knew he had a fever.

"You go up to bed," I said, "you're sick."

"I'm all right," he said.

When the doctor came he took the boy's temperature.

"What is it?" I asked him.

"One hundred and two."

⑦Downstairs, the doctor left three different medicines in different colored capsules with instructions for giving them. One was to bring down the fever, another a purgative, the third to overcome an acid condition. The germs of influenza can only exist in an acid condition, he explained. ⑧He seemed to know all about influenza and said there was nothing to worry about if the fever did not go above one hundred and four degrees. This was a light epidemic of flu and there was no danger if you avoided pneumonia.

Grammar Points

Ch.2 A Day's Wait

ここに気をつけて読もう

① タイトルの意味は？

A Day's Wait

② ここの to 不定詞の用法は？

He came into the room <u>to shut</u> the windows ...

解釈のポイント❶ → *p.84*

この we は、誰のことを指していると思いますか？

we were still in bed

③ 省略されている語を補ってください。

You better go back to bed.

④ この I'll see you はどのような意味でしょうか？

I'll see you ...

⑤ dressed の品詞は？

I'm <u>dressed</u>.

⑥ I knew の意味は 1.「知っていた」／ 2.「わかった」のどちらですか？

When I put my hand on his forehead <u>I knew</u> he had a fever.

⑦ なぜ副詞の downstairs は文頭に置かれているのでしょうか？

<u>Downstairs</u>, the doctor left ...

⑧ It を主語にした文に書き換えられますか？

He seemed to know all about influenza.

················· N O T E S ·················

L.004 Schatz ▶ シャッツ

元々は「宝物」を意味するドイツ語です。

61

⑨Back in the room I wrote the boy's temperature down and made a note of the time to give the various capsules.

"Do you want me to read to you?"

"All right. ⑩If you want to," said the boy. His face was very white and there were dark areas under his eyes. He lay still in the bed and seemed very detached from what was going on.

I read aloud from Howard Pyle's *Book of Pirates* but I could see he was not following what I was reading.

"How do you feel, Schatz?" I asked him.

"Just the same, so far," he said.

I sat at the foot of the bed and read to myself while I waited for it to be time to give another capsule. ⑪It would have been natural for him to go to sleep, but when I looked up he was looking at the foot of the bed, looking very strangely.

"Why don't you try to go to sleep? I'll wake you up for the medicine."

"I'd rather stay awake."

After a while he said to me, "⑫You don't have to stay in here with me Papa, if it bothers you."

"⑬It doesn't bother me."

"No, I mean you don't have to stay if it's going to bother you."

I thought perhaps he was a little lightheaded and after giving him the prescribed capsules at eleven o'clock I went out for a while.

⑭It was a bright, cold day, the ground covered with a sleet that had frozen so that it seemed as if all the bare trees, the bushes, the

Ch.2 A Day's Wait

Grammar Points こ こ に 気 を つ け て 読 も う

⑨ back in the room という副詞句は、なぜ文頭に置かれているのでしょうか？

<u>Back in the room</u> I wrote the boy's temperature down and made a note of the time to give the various capsules.

⑩ 省略されている語句は何でしょうか？

If you want to.

⑪ strangely は文修飾の副詞ですか？

It would have been natural for him to go to sleep, but when I looked up he was looking at the foot of the bed, looking very <u>strangely</u>.

⑫ don't have to と must not の違いは？そして、it が指す内容は？

You <u>don't have to</u> stay in here with me Papa, if <u>it</u> bothers you.

⑬ ここの it は何を指していますか？

<u>It</u> doesn't bother me.

⑭ ここの cut の品詞は？

It was a bright, cold day, the ground covered with a sleet that had frozen so that it seemed as if all the bare trees, the bushes, the <u>cut</u> brush and all the grass and the bare ground had been varnished with ice.

NOTES

L.029 **dark areas** ▶（目の）くま

L.030 **detached** ▶集中していない、離れている

L.031 **Howard Pyle** ▶ハワード・パイル

アメリカ人の童話作家。

L.034 **so far** ▶今のところ

L.046 **lightheaded** ▶めまいがする、頭がクラクラする

63

cut brush and all the grass and the bare ground had been varnished with ice. ⑮I took the young Irish setter for a little walk up the road and along a frozen creek, but it was difficult to stand or walk on the glassy surface and the red dog slipped and slithered and I fell twice, hard, once dropping my gun and having it slide away over the ice.

We flushed a covey of quail under a high clay bank with overhanging brush and I killed two as they went out of sight over the top of the bank. Some of the covey lit in trees, but most of them scattered into brush piles and it was necessary to jump on the ice-coated mounds of brush several times before they would flush. ⑯Coming out while you were poised unsteadily on the icy, springy brush they made difficult shooting and I killed two, missed five, and started back pleased to have found a covey close to the house and happy there were so many left to find on another day.

At the house they said the boy had refused to let anyone come into the room.

⑰"You can't come in," he said. "You mustn't get what I have."

I went up to him and found him in exactly the position I had left him, white-faced, but with the tops of his cheeks flushed by the fever, staring still, as he had stared, at the foot of the bed.

I took his temperature.

"What is it?"

"Something like a hundred," I said. It was one hundred and two and four-tenths.

"It was a hundred and two," he said.

Ch.2 A Day's Wait

Grammar Points　　　　　　　　　ここに気をつけて読もう

⑮ ここの hard の品詞と意味は？

... and the red dog slipped and slithered and I fell twice, <u>hard</u>, once dropping my gun and having it slide away over the ice.

⑯ この you は誰のことを指していますか？

Coming out while <u>you</u> were poised unsteadily on the icy, springy brush they made difficult shooting and I killed two, missed five ...

⑰ can't の意味は？

"You <u>can't</u> come in," he said. "You mustn't get what I have."

NOTES

`L.057` flush ▶ …を飛び立たせる、飛び立つ

`L.057` a covey of quail ▶ うずらの群れ

`L.057` clay ▶ 粘土層の

`L.061` mound ▶ 土手、塚

`L.074` something like ... ▶ およそ…、大体…

65

"Who said so?"

"The doctor."

"Your temperature is all right," I said. "It's nothing to worry about."

"I don't worry," he said, "but I can't keep from thinking."

"Don't think," I said. "Just take it easy."

"I'm taking it easy," he said, and looked straight ahead. He was evidently holding tight on to himself about something.

"Take this with water,"

"Do you think it will do any good?"

"Of course it will."

I sat down and opened the *Pirate* book and commenced to read, but I could see he was not following, so I stopped.

"⑱About what time do you think I'm going to die?" he asked.

"What?"

"⑲About how long will it be before I die?"

"You aren't going to die. What's the matter with you?"

"Oh, yes, I am. I heard him say a hundred and two."

"People don't die with a fever of one hundred and two. That's a silly way to talk."

"I know they do. At school in France the boys told me you can't live with forty-four degrees. I've got a hundred and two."

⑳He had been waiting to die all day, ever since nine o'clock in the morning.

"You poor Schatz," I said. "Poor old Schatz. It's like miles and kilometers. You aren't going to die. That's a different thermometer.

Grammar Points　　　　　　　　　　　ここに気をつけて読もう

⑱ ここでなぜ be going to が使われているのでしょうか？

About what time do you think I'm going to die?

⑲ it は何を指していますか？

About how long will it be before I die?

⑳ 過去完了が使われているのはなぜでしょうか？

He had been waiting to die all day, ever since nine o'clock in the morning.

NOTES

L.081　keep from ...ing　▶ …するのをやめる

cannot keep from ...ingで「…せずにはいられない」という意味になります。

L.084　evidently　▶ どうやら、見たところでは

L.088　commence to do　▶ …し始める

start to doとほぼ同じ意味です。commenceはフランス語起源の動詞です。

❷On that thermometer thirty-seven is normal. ❷On this kind it's ninety-eight."

"Are you sure?"

"Absolutely," I said. "It's like miles and kilometers. You know, like how many kilometers we make when we do seventy miles in the car?"

"Oh," he said.

But his gaze at the foot of the bed relaxed slowly. The hold over himself relaxed too, finally, and the next day ❸it was very slack and he cried very easily at little things that were of no importance.

Ch.2 A Day's Wait

Grammar Points　　　　　　　　　　　　　　　ここに気をつけて読もう

㉑ on の意味は？

<u>On</u> that thermometer thirty-seven is normal.

解釈のポイント ❷　→ *p.85*

前の文の **that** と、この文の **this** の違いはわかりますか？

On <u>this</u> kind it's ninety-eight.

解釈のポイント ❸　→ *p.85*

「たいして重要でもないことにすぐ泣くようになった」とは、どういうことなのか、考えてみましょう。

it was very slack and he cried very easily at little things that were of no importance.

- -
N O T E S
- -

L.112　**of no importance** ▶重要ではない

69

「ここに気をつけて読もう」の解説

Commentaries on Grammar Points

→ p.61

① タイトルの意味は?

A Day's Wait

▶ ▶ ▶ **二重の意味が込められています。**

解説 息子にとっては**「死を待つ一日」**でしたが、父親にとっては「ウズラ狩りに出かける楽しみの日」**「いつもと変わらない日(another day)」**という**二重性**があります。さらに、父親の立場から考えれば「後一日待てば息子が快方に向かう」という意味にとることもできます。

→ p.61

② ここのto不定詞の用法は?

He came into the room <u>to shut</u> the windows ...

▶ ▶ ▶ **副詞的用法の不定詞です。**

解説 to shut the windowsは、「窓を締めるために(部屋に入ってきた)」という目的の意味よりも、「(部屋に入ってきて)窓を閉めた」と捉えるのが自然です。

きっちりした因果関係というよりも、**「部屋に入ってきた。そして窓を閉めた」という連続した行為**を表していると考えてもいいでしょう。

Ch.2 A Day's Wait

→ p.61

③ 省略されている語を補ってください。

You better go back to bed.

▶ ▶ ▶ **You <u>had</u> better go back to bed. の had が省略されています。**

解説 had betterのhadは弱く発音されることから、you'd betterやhe'd better などのように、'd betterと表記されたりもします。さらに話し言葉など では、hadが完全に省略されたり、主語が省略された形も見られます。

ここでhad better *do* = better *do* と短絡的に結びつけてしまうのではなく、**異 なった形式を持っているため、そこには意味の違いがある**と考えておきます。 had betterは、上から目線の高圧的な印象を与えます。**「そうしなければ、あまり よろしくない結果が生じるぞ」**というニュアンスを伝える表現です。そのため、 やんわりと相手に提案をする場合は、shouldが使われます。また、you betterは you had betterよりも強制力は弱まり、**親しい間柄での助言**によく使われます。

よく、会話でYou better believe it.が使われることがあります。これは「本当 なんだよ！」と強調したいときに使います。他にもIt's almost 10:00 p.m. Better get moving.「もう午後10時。帰らなきゃ」というような表現にもbetter doが使 われます。

→ p.61

④ このI'll see youはどのような意味でしょうか？

I'll see you ...

▶ ▶ ▶ **「見に行ってあげるから」のようなニュアンスです。**

解説 I'll see you tomorrow.やI'll be seeing you tomorrow.さらに、See you. だと「またね」という意味になりますね。ここでは、別れ際の挨拶では なく、**「見に行く」**という意味で使われています。なお、seeと同様に「会う」と いう意味で使われるmeetは、I'm pleased to meet you.（お会いできてうれしい

71

です）のように、主に初対面で会った人に対して使う言い方です。その場合、別れ際にはIt was nice meeting you.（お会いできてうれしかったです）などと言ったりします。

ちなみに、See you when I see you.はどのような意味になるでしょうか？when I see youという副詞節の部分にはsoonやtomorrow、laterという副詞が来ます。例えばsoonであれば、「すぐに会いたい気持ち」を伝えますが、when I see youであれば、**「また会うときまで」**という意味になります。

→ p.61

⑤ dressedの品詞は？

I'm <u>dressed</u>.

▶ ▶ ▶ **形容詞**です。

解説 もともとは、dress「…に服を着せる」という他動詞の過去分詞で、「服を着せられた」→**「服を着た」「身なりを整えた」**という意味を表す形容詞として使われます。似たような表現にget dressed「服を着る」という「動作」を表すものがあります。これは、I'm getting dressed now.「今、着替えているところです」という進行中の動作も表せます。

「着る」に関する表現を簡単に整理しておきましょう。

I wear

衣類や装飾品を着ている・身につけている・履いている・かぶっている、香水などをつけているという状態を表します。

現在進行形を使ってHe is <u>wearing</u> white shoes today.（彼は今日、白い靴を履いている）と言うと、「普段とは違って、今日だけは」という意味になることがあります。これは現在進行形が**「一時性」**という意味を持っているためです。

72

Ch.2 A Day's Wait

2 put on

「衣服などを着る」という動作を表します。現在進行形を使って、Mary is putting on a nice dress.とすると、「メアリーは素敵なドレスを着ている」という意味にはならず、「メアリーは素敵なドレスに着替えている（身支度をしている）最中」という意味になります。「着替えを覗いたの？」って言われてしまうのでput onを進行形で使うときは注意してください。

3 be dressed

「衣服を身につけている」「身なりを整えている」状態を表します。He was poorly dressed.は「彼は貧相な身なりをしていた」という意味になります。

4 get dressed

「着替える」「身支度をする」という動作を表します。Get dressed quickly.は「すぐに着替えなさい」という意味になります。

→ p.61

⑥ I knewの意味は1.「知っていた」 ／ 2.「わかった」のどちらですか？

When I put my hand on his forehead I knew he had a fever.

▶ ▶ ▶ 2.「わかった」です。

「息子の額に手を当ててみると、熱かった」という状況です。これを「知っていた」と捉えてしまうと、父親は息子の額に手を当てる前から熱があることを知っていたとなってしまい、ちょっと変ですね。knowは、**情報や知識が頭に既にあること**（「知っている」）と、**情報や知識が入ってくること**（「わかる」）を表す二つの場合があり、ここでは後者の用法になっています。

では、I knew her by sight.はどちらの意味でしょうか？ こちらの文は「一目見ただけで彼女だとわかった」ということで、**新しい情報が入ってきたこと**を伝え

73

ています。一方、I know her very well.は「彼女のことは、よく知っています」という意味で、これまでの彼女との交流を通じて、人となりが「わかっている」ということを伝えていますね。ちなみに、I know of her very well.は彼女とは直接会ったり、交流や交際をしたことはないが、情報としてよく知っているという意味になります。

→ p.61

⑦ なぜ副詞のdownstairsは文頭に置かれているのでしょうか？

Downstairs, the doctor left three different medicines in different colored capsules with instructions for giving them.

▶ ▶ ▶ 「階下である」ことをはっきり示すためです。

解説 息子は二階で寝ています。そして医師が薬を階下で渡し、「インフルエンザを引き起こしても熱が一〇四度を超えなければ大丈夫、軽いインフルエンザの症状です」と父親に説明します。つまり、**この医師の説明を息子が聞いていない**ということが読解上のポイントになります。つまり、「階下である」ということをきちんと明示しておくために、場所を表す副詞を文頭においているのです。

→ p.61

⑧ Itを主語にした文に書き換えられますか？

He seemed to know all about influenza.

▶ ▶ ▶ **It seemed that he knew all about influenza. と書き換えられます。**

解説 Itを主語にした場合、It seems[seemed] that ... という形になります。この文頭のitは「虚辞」と言われるもので、形の上では「主語」になっていますが、特に意味を持っているわけではありません。なお、seem to doとなる場合、基本的にdoには状態動詞がきますので、動作動詞を持ってくることはでき

ません。ただし、Meg seems to go to church on Sundays.（メグはいつも日曜日に教会に行っているみたいだ）のように、反復や習慣を表す場合には動作動詞を用いることができます。

この例では、toの後に一般動詞が入っていましたが、She seems a nice girl. / She seems to be a nice girl.のように、〈seem＋補語〉と〈seem to be＋補語〉の違いについても、ここで確認しておきましょう。

客観的な事柄や確実性の高い事柄について言及する場合は〈seem to be＋補語〉という形が好まれます。一方で、話し手の印象のような**主観性の高い事柄**を表す場合は〈seem＋補語〉が好まれます。そのため、She seems a nice girl.は「彼女がいい子らしい（と話し手が主観的に判断している）」という意味になるのに対し、She seems to be a nice girl.は「彼女がいい子らしい（ということは周知の事実であって、みんなもそう言っている）」というニュアンスを表します。

→ p.63

⑨ back in the roomという副詞句は、なぜ文頭に置かれているのでしょうか？

<u>Back in the room</u> I wrote the boy's temperature down and made a note of the time to give the various capsules.

▶ ▶ ▶ 「一階から二階に戻った」ことを明示するためです。

解説 先ほど見たdownstairsと同様、ここでもback in the roomという場所を表す副詞句が文頭に出てきています。これは、downstairsから息子の寝ている二階の部屋に戻ったということを明確に示すために文頭に置かれていると考えられます。

→ p.63

⑩ 省略されている語句は何でしょうか？

If you want to.

▶ ▶ ▶ 元々の形は **If you want to read, you can read.** です。

解説 If you want to (read) には主節となる文がありません。you can read が
主節であることが「わかりきって」いるために、省略されているのです。
これは、「読みたいなら、読んでいいよ」という「読む」が**同語反復してしまうの
を避けるためになされる省略**です。

　この If you want to.（そうしたいのなら、そうすれば）のように、いわゆる**条
件節だけで一つの文になるもの**があります。他にも、If you say so.（あなたがそ
う言うのなら…）や If you insist.（そこまでおっしゃるなら）などがあります。

→ p.63

⑪ strangely は文修飾の副詞ですか？

It would have been natural for him to go to sleep, but when I
looked up he was looking at the foot of the bed, looking very
strangely.

▶ ▶ ▶ いいえ、現在分詞の **looking** を修飾する副詞です。

解説 strangely や frankly といった副詞には、**動詞を修飾して様子・様態を表
す用法**と、**話し手の心情や態度、判断を示す文修飾の用法**があります。
基本的には、文中の位置で役割が決まります。

■ 動詞を修飾して様子・様態を表す場合

例 She told him the whole truth <u>honestly</u>.
　（彼女は彼に<u>正直に</u>すべての真実を打ち明けた）

76

2 文修飾の副詞としての役割の時は基本的に文頭に置かれる

....

例 <u>Honestly</u> she told him the whole truth.
（<u>正直に言うと</u>、彼女は彼にすべての真実を打ち明けたんだよ）

　文修飾の副詞が文末に置かれるときは、動詞修飾と区別するために**カンマ**を入れます。Tom didn't die<u>, happily</u>.は「**幸運にも**トムは亡くならなかった」、Tom didn't die <u>happily</u>.は「トムは幸せな死に方をしなかった」となりますので、大きな意味の違いを生んでしまいます。

　この looking very strangely は、文末にカンマを入れることなく副詞が置かれていますので、動詞を修飾している副詞であると考えましょう。

→ p.63

⑫ don't have to と must not の違いは？そして、it が指す内容は？

You <u>don't have to</u> stay in here with me Papa, if <u>it</u> bothers you.

▶ ▶ ▶ **don't have to は「…する必要はない」、must not は「…してはならない」（禁止）という意味を表します。また、この it は「ここにいること」を指します。**

解　説　have to と must は、どちらも「…しなければならない」という意味の助動詞ですが、否定形にした場合には、意味の違いに気をつける必要があります。have to は、**外からの要因で「…しなければならない」**という**義務**の意味を表します。これを否定にした don't[doesn't] have to は「…する義務はない」、すなわち**「…する必要はない」**という意味になります。

　これに対して、例えば You must go home.（あなたは家に帰らなければならない）に not をつけた You <u>must not</u> go home. は、「家に帰ってはいけません」という**禁止**を表します。must not の not は、後ろにくる動詞と「セット」になります。したがって、You must [not go home]. つまり、**「[家に帰らないこと]が must で**

77

ある」ということから、禁止の意味が生まれてくるのです。

　ここのitは**「僕の看病をすること」**ですが、実は「もう一つの意味」が隠されています。その「もう一つの意味」は後で考えてみます。

→ p.63

⑬ ここの it は何を指していますか？

It doesn't bother me.

▶ ▶ ▶ **前に出てきた to stay in here を指します。**

解説 itには様々な用法がありますが、これは最も基本的な**「前に出てきた事柄を指し示す」**itです。前の文、You don't have to stay in here with me Papa, if it bothers you. のto stay in hereを指しています。

→ p.63

⑭ ここの cut の品詞は？

It was a bright, cold day, the ground covered with a sleet that had frozen so that it seemed as if all the bare trees, the bushes, the cut brush and all the grass and the bare ground had been varnished with ice.

▶ ▶ ▶ **形容詞です。**

解説 cutはもちろん「…を切る」という意味の他動詞ですが、他にもThis knife cuts well.（このナイフはよく切れる）のような自動詞用法や、She put a plaster on a cut.（彼女は切り傷の上に絆創膏を貼った）のような名詞用法もあります。そして、このthe cut brushのcutは、**「切断された」という意味の形容詞**です。

78

Ch.2 A Day's Wait

　なお、名詞の前に形容詞が置かれる場合、以下のようなパターンを取ります。

$$
\left.
\begin{array}{l}
冠詞（a[an] / the）\\
数を表す語（one や some など）\\
所有格（my / your など）
\end{array}
\right\}
＋（副詞）＋（形容詞）＋ 名詞
$$

例：				
a/his		very	big	cat
a/his			big	cat
a/his				cat

　つまり「冠詞・数を表す語・所有格」と「名詞」の間に形容詞が「挟まれる」という構造です。形容詞の前には very などの副詞が置かれることもあります。the cut brush の cut は**冠詞（the）と名詞（brush）の間に挟まれている**ため、形容詞だということが判断できるわけです。なお、and 以下の the bare ground も同じ構造になっており、形容詞 bare が「挟まれて」います。

　なお、〈many a 単数名詞〉「多くの…」や〈all the 複数名詞〉「すべての…」などのように、冠詞が形容詞の「後」に来ることもあります（〈形容詞＋冠詞＋名詞〉という語順）。

→ p.65

⑮ ここの hard の品詞と意味は？

... and the red dog slipped and slithered and I fell twice, <u>hard</u>, once dropping my gun and having it slide away over the ice.

▶ ▶ ▶ **品詞は副詞です。意味は「激しく」です。**

解説　hard には形容詞と副詞があります。形容詞には「固い、難しい、つらい」などの意味があり、副詞は「熱心に、酷く、激しく、力を込めて」という意味になります。ここでは fell「ころんだ」という**動詞を修飾する副詞**になって

79

いますね。

　副詞のhardの用法を確認しておきましょう。breathe hardは、全速力で駆け抜けるなどして「息が荒くなっている様子」を表しています。また、Tom looked hard at Ken. という文に使われているhardはどんな意味でしょうか？ **hardは「力強さ」を表す言葉**です。「目線が力強い」ので、この文は「トムはケンを<u>じっと見た</u>」のような意味を表しています。

　日本でもヒットしたDie Hardというアクション映画がありますが、このhardも副詞で「なかなか…ない」という意味を表しています。die hardは「なかなか死なない」「なかなかなくならない」という意味で、Old habits die hard.（昔からの習慣はなかなかなくならない）という慣用句でも使われています。こちらのhardは、hardに-lyをつけたhardly「ほとんど…ない」とほぼ同じ意味です。

　hardlyの-lyは、形容詞を副詞に変える役割を果たしています。他にも、positive「積極的な」 → positively「積極的に」、heroic「英雄的な」 → heroically「英雄的に」などがありますね。しかし、-lyをつけても副詞にはならず、**意味の異なる形容詞**になる単語もあります。たとえば、clean「きれいな」に-lyをつけたcleanlyは、「きれいに」「公明正大に」という副詞でもありますが、「きれい好きな」という形容詞でもあります（形容詞のcleanlyは[klénli]と発音します）。また、live [láiv]「生きている、生放送の」に-lyをつけたlively [láivli] は、「生き生きとした」という意味の形容詞です。また、homelyは「やぼったい」「器量の悪い」といったニュアンスの形容詞です。

Ch.2 A Day's Wait

→ p.65

⑯ この you は誰のことを指していますか？

Coming out while <u>you</u> were poised unsteadily on the icy, springy brush they made difficult shooting and I killed two, missed five ...

▶ ▶ ▶ 「一般の人々」を表す **you** です。

解説 you には「あなた（たち）」という特定の人を指す用法と、「一般の人々」を漠然と指す用法があります。後者の用法を、専門的には**「総称 (generic) 用法」**と呼びます。

例えば You are not allowed to bring any food or drink into the library. という文は、誰か特定の人に対する発言ではなく、**一般論**として「図書館には飲食物を持ち込めません」と言っているのです。

この文の you も同様であり、**一般論として**「凍っていて不安定な所からウズラに出てこられても打ち落とすのは至難の業である」と述べられています。そんな至難の業であるような状況において、自分は五羽は逃げられたけれど、二羽は撃ち落とせたと言っているわけですね。これは、自分の腕前を自慢しているのか、それとも、五羽を打ち損じたことに対する言い訳をしているのか、考えてみると面白いと思います。

なお、この文の冒頭にある Coming out は**分詞構文**で、省略されている主語は they「ウズラ」です。そして they made difficult shooting では、shooting と difficult の位置が入れ替わっていることに注意しておきましょう（本来の形は、they made <u>shooting difficult</u> という SVOC のパターンです）。あるいは、この make を「…と言う状況をつくる」という意味だと捉えれば、「ウズラは、困難な射撃という状況をつくった」という SVC の文とも解釈できます。

81

→ p.65

⑰ can't の意味は？

"You <u>can't</u> come in," he said. "You mustn't get what I have."

▶ ▶ ▶ 「…してはいけない」という意味です。

解説 I <u>can</u> play the piano.（私はピアノを弾く<u>ことができます</u>）のように、canには**「能力・可能」**の意味があります。しかし、例えば、You <u>can</u> go home now. は「能力」ではありませんね。こちらは「もう、帰っていいですよ」のように**「許可」**を表すもので、一般的にはmayよりも口語的だと考えられています。You <u>can't</u> come in.は、「許可」のcanを否定したものであり、「入ってはいけません」という意味になります。

ちなみに、canには「可能性」の意味もあります。<u>Can</u> it be true?（それって本当なの？）、It <u>can't</u> be true.（本当なはずがない）というような使われ方をしています。

→ p.67

⑱ ここでなぜ be going to が使われているのでしょうか？

About what time do you think <u>I'm going to</u> die?

▶ ▶ ▶ 「このままだと確実に死んでしまう」ということを伝えるためです

解説 be going toは、**未来に生じる確定した事柄**を表す際に使われます。したがって、少年は「自分はこのままいくと死んでしまう」と思っているのです。未来に起こるだろうと思っている出来事に対してwillを使うと**意志未来**になります。自らの意志で死んでいくのではないので、ここでI will die ...を使うとおかしくなってしまうのです。

なお、意志未来のwillを使った慣用的表現に、I will die before I do that. があります。文字通りには「それをする前には、死ぬつもりだ」ということですが、「それをしなければならないのなら、死ぬつもりだ」、つまり、**「絶対にそんなこと**

82

なんてやりたくない」という意味になります。

→ p.67

⑲ it は何を指していますか？

About how long will <u>it</u> be before I die?

▶ ▶ ▶ **時間を表す it です。**

解説 これは、It will be X hours［days／weeks］before I die. を疑問文にしたものですので、この it は**時間を表す it** です。そして、「どれくらいの時間がかかるか」を推量をするので、will が使われています。ちなみに、How long will it be? で「どれぐらい時間がかかりますか？」という定型表現があります。How long will it be before I hear from you? でお返事をいただけるまでどれぐらいかかりますか？ という意味になります。

ちなみに、It will not be long before he gets well. の意味はわかりますか？ こちらは「まもなく、彼はよくなるだろう」という意味です。

〈It is［時間を表す語句］+ before + SV ... という形で「S が V するのに［時間が］かかる」ということを表します。not be long before ... で「…する前に長く時間はかからない」→「まもなく…する［なる］だろう」という意味になります。

→ p.67

⑳ 過去完了が使われているのはなぜでしょうか？

He <u>had been waiting</u> to die all day, ever since nine o'clock in the morning.

▶ ▶ ▶ **息子が「朝からずっと死ぬことを考えていた」という内容を表すためです。**

解説 ここで、父親は息子が誤解をしていたことをようやく理解します。息子が「朝からずっと死ぬことを考えていた」ということを、**継続用法の過去完了**を用いて表しています。

「ああ、なんてかわいそうなことをしたんだろう」と、息子を抱きしめてあげたくなる瞬間ですね。そのため、You poor Schatz や poor old Schatz という表現を使って、父親が子供に愛情のある言葉を投げかけていることがわかります。

→ p.69

㉑ on の意味は？

On that thermometer thirty-seven is normal.

▶ ▶ ▶ 「その体温計（の目盛り）では」という意味を表しています。

解説 この on は**「その体温計の目盛りでは」**という「判断基準」を示しています。このように、体温計の目盛りなどを読む場合には on という前置詞が使われます。「体温計の目盛りを読む」は、read a scale on a thermometer と表現できます（read a thermometer と言うこともできます）。

なお、「体温計」を主語にして The thermometer reads 36 degrees. のように言うと、「体温計は三十六度を指しています」という意味になります。

解釈のポイント ・・・・・・・・・・・・・・・・・・・・・・・・・・・・・・ Beneath the surface

❶ **この we は、誰のことを指していると思いますか？**

we were still in bed

→ **「夫婦」**だということがわかります。その後の展開を考えてみましょう。調子が悪い息子の面倒を見てあげようとするのが父親であるという点に、引っかかりを感じませんか？ どうして母親ではなく、父親だったのでしょうか？ また、この物語には母親の発話が一つも出てきません。

Ch.2 A Day's Wait

この謎については、ヘミングウェイの伝記的な事実を考えてみる必要があります。この作品は、二番目の妻であるポーリン・ファイファーと最初の妻の息子のジョン（愛称バンビ）がアーカンソーに滞在していたときに、流感に罹った話が素材として書かれています。また、「フランスの学校にいた」という話も出てきますが、ヘミングウェイは最初の妻のハドリーとバンビでパリに住んでいたという事実も関係してきます。そうするとバンビにとってみればポーリンは継母ですので、**互いの関係性の構築が親子の関係まで至っていなかった**とも考えることができます。

❷ **前の文のthatと、この文のthisの違いはわかりますか？**

On <u>this</u> kind it's ninety-eight.

→ thatは**空間的、心理的、時間的に話し手から遠いもの**を指します。ここでは、「フランスで使われている体温計」のことをthat thermometerと言っています。そして、thisは**空間的、心理的、時間的に話し手に近いもの**を指しますので、手元にある今使ったばかりの体温計を指していることがわかります。

❸ **「たいして重要でもないことにすぐ泣くようになった」とは、どういうことなのか、考えてみましょう。**

it was very slack and he cried very easily at little things that were of no importance.

→ シャッツと呼ばれる少年は、ヘミングウェイの九歳の息子バンビをモデルにしていると言われています。一日中、自分が死んでしまうことばかり考えていたシャッツは、かなりの恐怖心と戦っていたと思います。それを継母にも伝えることができず、父親にも理解してもらえず、ひとり苦しんでいたことでしょう。そこで勘違いに気がつき、**一気に恐怖心から解き放たれ、感情のコントロールができなくなった**ような感じがします。

85

ワンポイント文法講義 ②
Mini-lecture

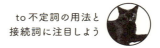

to不定詞の用法と
接続詞に注目しよう

　この章では「to不定詞」と「接続詞」について確認していきます。どちらも学校では繰り返し学ぶものですが、しっかり知識を整理しておきましょう。

to不定詞の用法

　みなさんが中学生のときに学習したように、〈to＋動詞の原形〉を**「to不定詞」**と呼びます。このto不定詞をきちんと理解しておくと、英語の文章を読むことがだいぶ楽になります。
　まずはto不定詞の代表的な三つの用法について確認をしておきましょう。

1 名詞的用法

　「あの映画はおもしろいよ」という文を英語にすると、That movie is fun.となります。that movie「あの映画」が、名詞（句）として、文の主語になっていることがわかりますね。では、次の文は、どのような英語になりますか？

　　映画を見ることは面白いよ。

　「見る」という動詞に「こと」という名詞がついています。この**「こと」にあたるものが、英語ではto**なのです。英語にすると、こんなふうになります。

　　To watch movies is fun.

　to watch moviesがthat movieと同じ役割（この場合は主語）を果たしていることがわかりますね。このように、文中で名詞（句）と同じように使われるto不定詞を**「名詞的用法のto不定詞」**と呼びます。ちなみに、この文はIt is fun to watch movies.のような形で表現されることもあります。これは、文頭の主語位

置にto不定詞句を持ってくることを避けた表現になっています。

　つまり、名詞的用法のto不定詞は、名詞（句）と同じ働きをするので、文の中では主語以外に目的語や補語の位置に置くことができるのです。

❷ 形容詞的用法

　名詞を修飾するのが形容詞ですね。ですから、「形容詞的用法のto不定詞」も、文の中の名詞を修飾する役割を持っています。次の例を見てください。

> the way <u>to the station</u> 「駅までの道のり」
> the way <u>to solve the problem</u> 「その問題を解く方法」

　どちらも同じto ...ですが、to the stationは**前置詞句**で、名詞（the way）を修飾する**形容詞句**になっています。形容詞（句）には名詞を修飾する役割があるということを、ここでは押さえておいてください。そうすると、to solve the problemは、the wayを説明していますので、**「形容詞的用法のto不定詞」**となります。このタイプのto不定詞は、It's time <u>to say good-bye.</u>「別れを告げるときが来ました」やI have a lot of books <u>to read.</u>「読まなければならない本があります」のように、**名詞を後ろから説明**します。

❸ 副詞的用法

　「副詞的用法のto不定詞」には、次のような使い分けがあります。

[1] 目的

　一般に「…するために」と訳されます。この用法はin order toで表すことも可能です。

> **例**：He went back to the office <u>to meet his boss</u>.
> （上司と会うために仕事場に戻った）

[2] 原因・理由

　感情を表す形容詞の後ろにto不定詞が用いられると、感情が生じた原因を表します。下の例ではhappyになった原因が「あなたに会ったから」であるということを表しています。

　　例：I'm glad <u>to meet you</u>.（私はあなたに会えてうれしいです）

　ここで、一つ補足をしておきます。よく、動名詞が「過去志向」で、to 不定詞は「未来志向」であると言われることがあります。確かにそういう場合もありますが、この例文でもわかるとおり、to不定詞は「過去の出来事」を表しています。

[3] 結果

「結果として…になる」という意味を表します。

　　例：He lived <u>to be 90</u>.（彼は90歳まで生きた）
　　例：I woke <u>to find myself lying on the bench at the station</u>.
　　　（目が覚めたら、駅のベンチで寝ていた）

　また、〈only＋to不定詞〉の形で用いられると、「その結果が好ましいものではなかった」という意外な気持ちや驚きを表します。

　　例：She came to the airport, only to find almost all the flights were cancelled.
　　（彼女が飛行場までやってきたが、ほとんどすべての飛行機が欠航になっていた）

[4] 判断の根拠

　「…するなんて」という意味で、判断の根拠を示します。以下の例では、ここでは、彼をcrazyだと判断する根拠がto say such a thingなのです。つまり、「あん

なことを言ったから、彼はおかしい」という判断をしているのです。

> **例**：He must be crazy to say such a thing.
> （あんなことを言うなんて、彼はおかしいに違いない）

なお、［3］の結果用法は、さらに二つに分類をしたほうがよいという考えもあります。

[3a] 述語動詞と to 不定詞の結合が不可分の場合

動詞と to 不定詞が「セット」で用いられるタイプ。例えば、The news proved to be true. は、The news proved. だけで独立して使うことはできません。たとえば、get to *do*「（結果として）…するようになる」や prove to *do*「（結果として）…だとわかる」のように、セットフレーズとして覚えておくべき表現です。

> **例**：How can I get <u>to know him</u>?（どうやって彼と知り合えばいいの？）
> **例**：The news proved <u>to be true</u>.（そのニュースは真実だとわかった）

[3b] to 不定詞が等位節の役割を担っている場合

動詞と to 不定詞の結びつきが弱いタイプです。He awoke to find the house on fire. は、He awoke. だけでも立派に「文」として成立しますので、He awoke <u>and found</u> the house on fire. のように書き換えることが可能です。

> **例**：He awoke <u>to find the house on fire</u>.（彼は目覚めると、家が火事だった）

この文は、He awoke <u>and found</u> the house on fire. のように解釈することができます。

副詞的用法のto不定詞の解釈

to不定詞の基本用法が理解できたところで、物語の冒頭部分を見てみましょう。

> He came into the room <u>to shut the windows</u> while we were still in bed and I saw he looked ill.

明け方に息子が両親の寝室に入ってきて、体調が悪いことを伝えようとする場面です。直前に名詞（the room）がありますが「窓を閉める<u>ための</u>部屋」では意味が通じませんから、これは形容詞的用法ではありません。

ここで使われているto shut the windowsは、**副詞的用法の不定詞**です。「息子が寝室に入ってきて、窓を閉めた」という「結果」として解釈したほうがすっきりするでしょう。つまり、〈「部屋に入ってきた」→「窓を閉めた」〉という、連続する行為が描写されているわけです。先ほどの分類でいうと、「3b. to不定詞が等位節の役割を担っている場合」ということになります。ですから、He came into the room to shut the windowsは、andを用いて、He came into the room <u>and</u> shut the windowsと書き換えることも可能です。

しかし、このto不定詞を「目的」（…するために）用法でとらえた人も多いかもしれません。確かに「窓を閉めるために部屋に入ってきた」も間違えではありません。一つの文だけではどちらとも言えない場合があるので、このto不定詞の用法をどのように捉えるについては、文脈から判断した方がよさそうですね。

用法が特定しにくいto不定詞の例

次の下線部のto不定詞の用法を考えてみましょう。

> One was <u>to bring down the fever</u>, another a purgative, the third <u>to overcome an acid condition</u>.

One was to bring down the fever ...の部分は、Oneが主語、to bring down the fever が補語になっていることがわかると思います。では、それより後の部分（another a purgative, the third to overcome an acid condition）はどうでしょうか？ 実は、この部分は、another [was] a purgative, the third [was] to overcome an acid condition. のように、**be動詞が省略**されたものになっています。「一つの薬は熱を下げるため（のもの）で、もう一つは下剤（purgative）、三つ目は酸性状態を緩和するため（のもの）」ということですね。主語を叙述用法の形容詞として修飾しているのですから、to bring down the fever と to overcome an acid condition は、どちらも**「形容詞的用法」**だと考えるのが妥当ですね。

　もう一つ、本文の中で不定詞が使われている部分を見てみましょう。

He seemed <u>to know</u> all about influenza and said there was nothing <u>to worry about</u> if the fever did not go above one hundred and four degrees.

　seem to know は「知っているようだ」という意味になります。seem to do や appear to do のような不定詞は、**名詞的用法・形容詞的用法のどちらともとれる**ので、区別が困難です。そのため、seem to を、一つの「助動詞」として捉える考え方もあります（「準助動詞」という呼び方をしている研究もあります）。seem to do / appear to do には、「…のようだ」「…のように思われる」のように、話し手の判断を表す**「モダリティ要素」**があることが、これらを助動詞の一種として考えるためのポイントになります。つまり、He <u>seemingly</u> knew ... や He <u>apparently</u> knew ... のように、**副詞的に置き換えることができる可能性がある**ということです。一方、Nothing to worry about のほうは、to不定詞が nothing という名詞を後から修飾していると考えますので、**「形容詞的用法」**です。

　こんなふうに、to do を見たら、それが**文中でどんな役割を果たしているかを冷静に見極め、何用法であるのかを特定する**ことが大切です。そうしなければ、文意を正しく捉えることができなくなってしまいます。

to不定詞と動名詞

まずは、次の二つの文の意味の違いを考えてみましょう。

(1) To see is to believe.

(2) Seeing is believing.

まるで都市伝説のように**「to不定詞は未来を表し、動名詞は過去を表す」**と語り継がれておりますが、それほどまでに単純ではありません。(1) は「見ることが、結果として信じることになる（見ればわかります）」という意味で、(2) は「百聞は一見にしかず」となります。つまり、不定詞は**「個別的、即時的、積極的」**、動名詞は**「一般性、消極的」**な意味が備わっていると言えるでしょう。「百聞は一見にしかず」と言ったりしても、それは特に具体的な行為を表していません。そのかわり、「一般的に、見ることは信じることだ」という意味になるのです。

もちろん、to不定詞が未来志向だと考えてもよいものもあります。有名な例ですが、remember to do「これから…することを覚えておく」と remember ...ing「…したことを覚えている」の違いがそれにあたります。ですが、以下の例はどうでしょうか？

I like reading books but I don't like to read a book now.

動名詞は**一般論的な**意味があるので**「読書が好き」**となり、to不定詞は特定の個別的な事柄に言及して**「今は、本を読みたくない」**となります。

ここまで理解できたところで，次のそれぞれの文の意味の違いはわかりますか？

(3) I'd like to be a singer.

(4) I like being a singer.

（3）は「将来、歌手になりたい」ということを表す文ですね。to不定詞が「未来志向」であるという一般的な説明からも理解できます。（4）は「私は歌手であることが好き」というのが直訳ですが、「私は現在歌手であり、その状態であることが好ましい（楽しい）、歌手であることを楽しんでいる」という意味になります。というのも、動名詞が**「すでにやっている行為・状態」**を表しているからです。

ここまでのお話を整理してみましょう。

to不定詞	動名詞
未来志向	これまですでにやっている行為・状態（現実的）
個別的	一般論
積極的	消極的

最後にtryという動詞を使って考えましょう。以下の二つの文の違いを考えてみてください。

(5) I tried <u>to open</u> the door in various ways.

(6) I tried <u>opening</u> the door in various ways.

（5）のto不定詞を使った文は、I tried to open the door in various ways, <u>but I couldn't.</u>のように続けることができます。つまり、**「まだ開けられていない」**という含みがあるのです。「ドアを様々な方法で<u>開けようとしてみた</u>。（しかし、開けられなかった）」のようなニュアンスを表しています。

これに対して(6)は「ドアを、様々な方法で<u>開けてみた</u>」という意味で、ドアは開いています。そのため、...., but I couldn't.を続けることができません。try to *do*は「…しようとするが、できない」という意味で、try ...ingは「…してみる」と訳し分けておけば大丈夫でしょう。他にも、mean to *do*「…するつもりだ」とmean ...ing「（結果として）…することになる」などもあります。

不定詞と動名詞の違いは未来志向か過去志向という単純なもので説明をすることができないものがたくさんありますが、文脈に応じて上の表をもとにその意味

を考えられるようになってみましょう。

▎接続詞について理解を深めましょう▎

　接続詞には、語と語、句と句、節と節という対等な要素をつなぎ合わせる**等位接続詞**と、主節に対して従属する関係でつなぎ合わせる**従属接続詞**があります。代表的な等位接続詞はand / but / or / nor / forなどがあります。また従属接続詞にはwhen / where / if / as / because / whether / that / while / thoughなどがあります。こうした接続詞をきちんと理解することで、**文章の論理関係、前後関係を正確に捉えることができる**ようになります。

　それでは、物語を見ながら確認をしていきましょう。冒頭部分には次のような文が出てきました。

　　He was shivering, his face was white, <u>and</u> he walked slowly <u>as though</u> it ached to move.

　等位接続詞（and）と従属接続詞（as though）が使われています。図示すると次のようになります。

　　He was shivering
　　,
　　his face was white
　　＜and＞
　　he walked slowly as though it ached to move

　父親の視点から息子の様子が語られる場面です。その様子を等位接続詞で順番に描写しています。He was shivering / his face was white / he walked slowlyという3つの文が並んでいますが、このように複数の項目を並べる場合、"A, B and C"や"A, B, C and D"のように、**コンマを使って区切り、最後の項目の前にand**

を置くという形式になります。

　まずは震えている様子、そして顔色、そのあとにゆっくりと歩いてくる様子が描かれますが、そのような息子の姿を見て父親がどう思ったのかが、as thoughという従属接続詞以下の部分で語られるのです。読者はここで**父親の視線と同一化**することができます。「なぜ、息子はゆっくり歩いているのか？　それは見るからに、体を動かすことに痛みを伴っているからだろう」という父親の心の声を聞くことができます。

　実際、その後で父がWhat's the matter?（どうかしたのか？）と息子に声をかけ、それに対して、I've got a headache.（頭が痛い）と息子が答えるやりとりが展開されます。

　この少し後で、次の一文が出てきます。

> <u>But</u> when I came downstairs he was dressed, sitting by the fire, looking a very sick and miserable boy of nine years.

　なぜ、文頭にbutが置かれているのでしょうか。この等位接続詞のbutが何と何を結びつけているか考えてみましょう。But以下で表されるものは、この時点よりも前に出てきたことがらに関して、予想に反する内容や行動です。つまり、「（私が階下に降りていくと）息子が着替えていて、暖炉のそばに座っていた…」という息子の行動が、語り手である父親の予想に反していたことが表されているのです。父親は、息子に「部屋に戻って寝なさい。着替えたら見にいくから」と言っていました。ですから、息子はすでに自室のベッドで寝ているかと思っていたわけです。その**予想が裏切られた**ということが、このbutで明確にされています。

　一般に、「文頭にbutを持ってきてはいけない」と言われますが、このように実際には使われることもあります。そのときは、**「前で提示された情報に関して、その期待が裏切られたり、反対の内容が示されるのかな？」**と思いながら読んでいくとよいでしょう。

さらに、この文には従属接続詞のwhenが使われています。When I came downstairsが副詞節で、he was以下が主節になっていますね。whenから始まる従属節のかたまりは、文頭ではなく、文末などに置くことも可能ですが、ここではどうでしょうか。以下の二つの文のニュアンスの違いを考えてみましょう。

(1) When I came downstairs he was dressed.
(2) He was dressed when I came downstairs.

文頭に副詞的要素が置かれると「状況・場面設定」、文末では「情報の追加」としての意味合いが強くなります。したがって、When I came downstairs he was dressedは、「下に降りていくと」という状況の設定をしています。その上で、どのようなことが起きていたのかが展開されていきます。先ほど見たように、父親は下の階に降りていくまで、息子は自分の部屋に戻り、ベッドに横になっていると思っていたのですが、その予想に反して息子は着替えて起きていたわけです。When I came downstairsを文頭に置くことで、このような流れを自然な形で描写することが可能になります。

これに対して、この部分をHe was dressed when I came downstairsとしてしまうとどうでしょうか？ ちょっとぎこちない文の流れになってしまいますよね。先に「息子は着替えをすませていた」という情報を先に出してしまうと、「予想外の展開」だったことが伝わらなくなってしまうからです。

もう一度、この文を見てみましょう。

But when I came downstairs he was dressed, sitting by the fire, looking a very sick and miserable boy of nine years.

下線部に注目してください。sitting ..., looking ...という分詞構文で、父親の視点から息子の様子が描写されています。この分詞構文も副詞的な要素です。上述したように、文末に置かれた副詞的要素は、「情報が追加、展開される役割」を

持っています。つまり、「息子は着替えをすませていた。そして、暖炉のそばに座っていた、さらに、見るからに体調が悪そうで…」と息子の状態が追加され、最後には… miserable boy of nine years.「惨めな九歳の少年だ」と締めくくられます。

従属接続詞 as の用法

以下は、少年の父親が犬を連れて狩猟に出かけている場面です。

We flushed a covey of quail under a high clay bank with overhanging brush <u>and</u> I killed two <u>as</u> they went out of sight over the top of the bank.

「私と犬が近づくと、藪の茂った粘土層の土手の高い土手の下からうずらの群が飛び立っていく、そして飛び立った二羽のウズラを撃ち落とした」のように、**時系列的に出来事が展開する様子**が等位接続詞のandで描写されています。そして、asから始まる従属節が続きます。このasは、どのように解釈するのがよいでしょうか？ p.29で説明したasの用法をもう一度確認しておきましょう。

❶「同時性」を表す

例：I saw Professor Hamada <u>as</u> I was walking down the street.
（道を歩いているときにハマダ教授を見かけました）

→ 主節の動作と従属節の動作が同じ時間帯に生じていることを表します。

❷「比例」を表す

例：<u>As</u> time goes by, everything changes.
（時が経つにつれ、すべてのものが変わっていく）

❸「様態」を表す

例：Do <u>as</u> you like.（好きなようにしなさい）

❹ 「理由」を表す

例：As he came back, I decided to leave there.
（彼が戻ってきたので、その場を離れることにした）

❺ 「譲歩」を表す

例：Tired as he was, he walked to the station from the campus.（彼は疲れていたにもかかわらず、大学から駅まで歩いた）

➡ この as は、Being as tired as he was, he walked to the station from the campus. の being as の部分が省略されたものと考えられています。

ここでは、同時性のasと考えてよいでしょう。「ウズラが土手の上の方に消えていきそうになるところで、二羽を仕留めた」ということですね。

等位接続詞 and / but の用法

次の文にも接続詞が用いられています。

Some of the covey lit in trees, but most of them scattered into brush piles and it was necessary to jump on the ice-coated mounds of brush several times before they would flush.

ここでは、等位接続詞and / butの用法に注目してみましょう。Some of the covey lit in trees, but most of them scattered into brush piles ... のbutは、「対比」を表しています。「木々の中に止まったウズラもいるけれど、大半は藪のなかに散り散りに飛んでいった」という意味ですね。

また、続く... and it was necessary to jump on the ice-coated mounds of brush several times ... で用いられているandは、単なる「時間的な順序」ではなく、「因果関係」を示すものだと考えてよいでしょう。つまり、「そして…」ではなく、「そのため…」という意味として捉えておきましょう。「大半は藪の中に散り散りになっていった。そのため、何度か氷の張った土手に飛び乗る必要があっ

た」という意味として理解することができます。そして、最後に補足的に「ウズラたちが飛んでいく前に」と付け足されています。

このように、接続詞を考えながら読んでいくと、物語の情景描写の流れをうまくつかむことができることがわかったと思います。少し長めの英文が出てきたときに、接続詞に注意をして読めるようになると、英文の意味をより正確に理解できるようになります。また、to不定詞の用法・意味を正確に見極めることも、内容を正しく理解するためには不可欠です。ですから、英語の文章を読む練習の段階では、不定詞や接続詞に注意して読むことを心がけましょう。そうすることで、書き手が文章を通じて伝えようとしている内容をきちんと捉えられるようになるはずです。

"A Day's Wait" を父、子、母の観点から読む   作品解説

　この短編小説は、多くのヘミングウェイ短編の中でも最も心が温まる作品のうちの一つです。出版当初は、ただのジャーナリズムの記事であると批判されたこともありましたが、ヘミングウェイの幼少期の分身とされる登場人物のニック・アダムズの物語に関連付けられたことで、徐々にその評価を高めてきた作品です。

　この小説はまず、「シャッツの成長物語」と真正面から読めるでしょう。それはシャッツが現実世界の重みを突如経験し、死の覚悟によって一気に子供から大人へと成長を遂げる点を物語の中心とする読み方です。

　もう一方でこれは、親子の意思疎通の悲劇を映した断絶の物語として読むこともできるでしょう。父はシャッツの熱に関する真実を知りながらも、九歳の息子にインフルエンザの解説をしても無意味だと考え、敢えて真実を伝えません。しかし、父と子の情報格差と息子の知識のなさから、九歳の息子は死を待つことを強いられてしまいます。つまり、これはシャッツが犠牲になることで成立する「親子の断絶」を示す物語としても読めるのです。

　ですが、最も心が温まる読み方は、父と子のそうした断絶が調和へと向かうという読み方でしょう。息子も父もお互いに思い違いをしますが、両者とも最後にはその経緯を知り、互いに相手を配慮していた事実を知ります。そしてお互いに異なる立場から成長を果たします。つまりこの小説は、これまで断絶という側面を読み込むのが一般的でしたが、このように親子の誤った認識によって作りだされた断絶が調和に向かう物語としても読むことができるのです。

　しかしこの小説がさらに素晴らしいのは、上記の三つの読み方が同時に可能となっている点です。というのも、この小説はまず根本でシャッツの成長物語として成立しながら、シャッツが犠牲となる父と子の断絶の悲劇的な物語としても成立し、同時に、親子の成長による断絶を解消する物語としても読むことが可能となっているのです。最後に、冒頭の "while we were still in bed" が暗に示すように、実はシャッツの母もこの物語に登場しています。母も含めてこの物語を読めば、一体どのような解釈が考えられるか、挑戦してみたら面白いと思います。

Chapter 3
The Sea Change

夏の終わりのパリのカフェ。そこでは、ある男女が口論をしています。ふたりはひと夏をともに過ごしてきたのでしょうか、黄金色に日焼けしています。そして、彼女の服装。ツイードのスーツを着ていて、金色の髪は短くカットされています。ふたりの会話から、どうやら彼女はほかに「好きな人」ができたことを男性に告白しているようです。彼はなかなかそれを受け入れることができません。始終不機嫌だった彼は、最後に彼女に「行けよ」と言い放ちます。一人残された男性にバーテンダーが「素晴らしい夏を過ごされたのでしょうね」と話しかけます。ふたりの交錯する心情。その行く末は如何に。

まずは和訳をチェック

天変地異

「わかったよ」とその男は言った。「どうしたって言うんだ？」

「いいえ」と女は言った。「できないわ」

「しないってことか」

「できないわ」と女は言った。「言いたいのはそれだけよ」

「君はそうしたくないってことか」

「だったらいいわ」と女は言った。「貴方のお好きなようにとればいいわ」

「自分の好きなようにやっているわけではないよ。まったく、そうだったらいいんだが」

「貴方は長い間そうしてたでしょう」と女は言った。

　まだ早い時間で、カフェにはバーテンダーと隅のテーブルで一緒に座わるふたり以外には誰もいなかった。夏の終わりで、ふたりとも日焼けしていたために、彼らはパリでは場違いに映った。その娘はツイードのスーツを着て、滑らかな素肌は黄金色に焼けていた。短くカットされた金髪が、額から後ろに向かってきれいに伸びていた。男は彼女に目をやった。

「あの女を殺してやる」と彼は言った。

「お願いだからやめて」と娘は言った。彼女はとても繊細な手をしていて、男は彼女の手に目をやった。その手は細く、小麦色に日焼けしていて、とても美しかった。

「殺るとも。神に誓って、殺るとも」

「そんなことをしても気分が晴れはしないわ」

「何か他のことに首を突っ込めなかったのか？ 他の厄介事に？」

「どうもできなかったみたいね」と娘は言った。「で、貴方はこのことをどうしたいの」

「さっき言っただろ？」

「いや、だから本当のところは」

「わからないな」彼は言った。彼女は彼に目をやり、手を差し伸べた。「かわ

102

いそうなフィル」と彼女は言った。彼は彼女の手に目をやったが、自分の手で彼女の手に触れることはしなかった。

「やめてくれよ」と彼は言った。

「ごめんなさい、と言っても状況は良くならない？」

「どうにもならないな」

「それがどうなってるか話してもだめ？」

「聞かないほうがいいな」

「貴方のことをとても愛しているわ」

「だろうね。それがこの一件を証明してるよ」

「ごめんなさいね」と彼女は言った。「もしもわかってくれないんだとすると」

「わかってるさ。それが問題なんだ。わかってるさ」

「そうなのね」と彼女は言った。「だから余計に腹が立ってしまうのね。当然よね」

「そうだとも」と彼は彼女を見ながら言った。「俺はこれからだってわかっているさ。日中だって、夜だって。特に夜はね。わかっているさ。それは心配する必要ない」

「ごめんなさい」と彼女は言った。

「もし相手が男だったなら…」

「それを言わないで。男なはずがないわ。それはわかっているはずよ。私を信じてないの？」

「滑稽だ」彼は言った。「お前を信じろだなんて、そりゃ本当に滑稽だ」

「ごめんなさい」と彼女は言った。「私には、その言葉しか言えないみたい。でも私たちがお互いに理解し合っているのに、そうじゃないふりをするのは意味のないことだわ」

「そうだな」と彼は言った。「そうだろうな」

「貴方が私を必要としてくれるなら、戻ってくるわ」

「いや、必要ないよ」

それから彼らはしばらくの間何も言わなかった。

「私が貴方を愛しているって信じてないでしょう。そうなんでしょう？」と女は言った。

「戯言はやめようぜ」と男は言った。

「私が貴方を愛してるって本当に信じてないの？」

「それを証明したらどうだ」

「貴方は、昔はそんな人じゃなかったわ。何かを証明しろだなんて決して求めなかったわ。ひどいわ」

「まったく笑わせてくれるよ」

「貴方はそうじゃないわね。貴方は立派な人だから、そんな貴方の元を去るのは心が痛むの…」

「そうする他ないだろう、当然」

「そうね」彼女は言った。「私がそうしなきゃいけないってこと、貴方はわかってるのね」

彼は何も言わなかった。彼女は彼に目をやり、再び片手を差しだした。バーテンダーはカウンターの一番端にいた。彼の顔は白く、着ているジャケットもまたそうだった。彼はこのふたりと知り合いで、お似合いの若いカップルだと思っていた。彼は多くの素敵な若いカップルが別れ、また新しいカップルが誕生しても長続きしない例を数多く見てきた。彼はこのことではなく、ある馬について考えていた。後三十分もすれば、彼は通りの向こう側に人を遣って、その馬が勝ったかどうかを確かめられるはずだ。

「お願いだから、私を自由にしてもらえない？」と女は聞いた。

「俺はこれからどうすると思う？」

ドアから二人が入ってきて、バーのカウンターに向かった。

「かしこまりました」とバーテンダーは注文をとった。

「そのことを知っているのに、それでも私のことを許せないの？」と女は聞いた。

「許せないな」

「これまで二人でいろいろやってきたのに、それでもわかってくれないの？」

104

「悪徳とは、かの恐ろしき表情の怪物」若い男は冷たく言った。「なんとかかんとかでその顔を見ればよく、なんとか、かんとかで、やがて抱擁するようになる」。彼は元の文章を思いだせなかった。「引用できないよ」と彼は言った。

「悪徳なんて言うのはやめましょうよ」と彼女は言った。「あまり上品じゃないわ」

「じゃあ、倒錯だ」と彼は言った。

「ジェイムズ」と客の一人がバーテンダーに声をかけた。「とても元気そうじゃないか」

「あなたこそとても元気そうですね」とバーテンダーは言った。

「われらがジェイムズ」ともう一人の客が言った。「さらに太ったな、ジェイムズ」

「ひどいもんですよ」とバーテンダーは言った。「私の太り方は」

「ブランデーを入れ忘れるなよ、ジェイムズ」と一人目の客が言った。

「ええ、かしこまりました」とバーテンダーは言った。「お任せください」

カウンターのその二人がテーブルに座る男女の方を見ると、再びバーテンダーの方を向いた。バーテンダーの方を向いている方が、気楽だったのだ。

「そういう言葉は、できれば使って欲しくないわ」と女は言った。「そういう言葉を使う必要性がないのよ」

「俺にそれを何と呼べと？」

「そもそも呼ぶ必要なんてないわ。名前なんて付けなくていいのよ」

「だから、倒錯がその呼び名なんだよ」

「いいえ」彼女は言った。「人間は色々なものから出来上がっているのよ。それは貴方も知ってるはずよ。貴方もそれを存分に利用してきたわよね」

「それをまた持ち出さなくてもいいだろう」

「だって、そういえば、あなたにもわかってもらえるでしょう？」

「わかった」と彼は言った。「もういいよ」

「いいえ、本当は、よくないって言いたいんでしょう。わかってるわ。何もかも間違ってるわよね。でも私は戻ってくるわ。戻ってくるって前に言ったで

しょう。すぐに戻ってくるわ」

「いや、君は戻らないな」

「戻ってくるわ」

「いや、戻ってこないな。俺のところにはね」

「直にわかるわ」

「だろうね」と彼は言った。「それこそが地獄だね。君は多分戻ってくるだろうな」

「もちろん戻ってくるわ」

「だったら、行ってこいよ」

「本当に？」彼女は彼のことが信じられなかった、だがその声は喜んでいた。

「行けよ」という自らの声に彼は違和感を覚えた。彼は彼女のことをながめていた。彼女の口の動き方や頬骨の丸みとその瞳、額から伸びている彼女の髪、そして耳たぶと首筋を。

「それ、本心じゃないわよね。だって貴方、優しすぎるわ」と彼女は言った。「優しすぎるもの」

「それで戻ってきたら、どうだったか何もかも聞かせてくれ」と彼の声は奇妙に響いたが、彼はそれに気づかなかった。彼女は彼のことをちらりと見た。彼は何かが腑に落ちたようだった。

「本当に、私に行って欲しいのね？」と彼女は真剣な口調でたずねた。

「ああ」と彼は真剣に答えた。「今すぐにな」。彼の声はそれ以前のものとは異なっていた。そしてその口の中はとても乾いていた。「さあ」と彼は言った。

彼女は立ち上がり、足早に出ていった。彼女は彼の方を振り返らなかった。彼は彼女が去るのを見ていた。今の彼は、彼女に行けと言う前の彼とは別人のようだった。彼はテーブルから立ち上がると、二枚の勘定をつかみ、それらを持ってカウンターに向かった。

「俺は別人になっちまったんだよ、ジェイムズ」と彼はバーテンダーに言った。「俺の中には、はっきりと別の男が見えるはずだ」

「そうなんですか？」とジェイムズは言った。

106

Ch.3 *The Sea Change*

　「悪徳とは」と褐色に日焼けした若い男は言った。「とても奇妙なものなんだ、ジェイムズ」。彼がドアの外に目をやると、彼女が街路を歩き去っていくのが見えた。窓ガラスに映った自分の姿に目を凝らすと、自分が今までとはまったく別の男に見えた。カウンターにいた他の二人は、彼のために席をずらした。

　「そちらにおかけください」とジェイムズは言った。

　他の二人は彼がくつろげるようにもう少しずれてやった。その若い男はカウンターの背後の鏡に写る自分の姿を見た。「俺はすっかり別人になっただろ、ジェイムズ」と彼は言った。鏡を覗きこみながら、本当にそのとおりだ、と彼は思っていた。

　「とてもお元気そうに見えますよ」とジェイムズは言った。「きっと素晴らしい夏を過ごされたのでしょうね」

文法に注意して読みましょう

•The Sea Change

"All right," said the man. "What about it?"

①"No," said the girl. "I can't."

"You mean you won't."

"I can't," said the girl. "②That's all that I mean."

"You mean that you won't."

"All right," said the girl. "You have it your own way."

"I don't have it my own way. I wish to God I did."

"You did for a long time," the girl said.

③It was early, and there was no one in the café except the barman and these two who sat together at a table in the corner. ❷It was the end of the summer and they were both tanned, so that they looked out of place in Paris. The girl wore a tweed suit, her skin was a smooth golden brown, her blonde hair was cut short and grew beautifully away from her forehead. The man looked at her.

"④I'll kill her," he said.

"Please don't," the girl said. She had very fine hands and the man looked at them. They were slim and brown and very beautiful.

"I will. I swear to God I will."

"It won't make you happy."

"⑤Couldn't you have gotten into something else? Couldn't you have gotten into some other jam?"

"It seems not," the girl said. "What are you going to do about it?"

Grammar Points

Ch.3 The Sea Change

こ こ に 気 を つ け て 読 も う

解釈のポイント ❶ → *p.137*

作品のタイトルの意味は何でしょうか？

The Sea Change

① ここの can't と won't はどのようなことを表しているのでしょうか？

"No," said the girl. "I <u>can't</u>." / "You mean you <u>won't</u>."

② それぞれの that の文法的な役割を説明できますか？

<u>That</u>'s all <u>that</u> I mean.

③ 前置詞 except の目的語になる部分は？

It was early, and there was no one in the café <u>except</u> the barman and these two who sat together at a table in the corner.

解釈のポイント ❷ → *p.138*

この情景描写から、どんなことが読み取れますか？

It was the end of the summer and they were both tanned ... and grew beautifully away from her forehead.

④ I'll kill her. は I am going to kill her. に書き換えても、同じ意味になりますか？

I'll kill her.

⑤ この〈could have ＋ 過去分詞〉は、どのような意味ですか？

<u>Couldn</u>'t you <u>have gotten</u> into something else?

....

N O T E S

....

L.021 get into ... ▶ …にのめり込む

「（習慣などを）身につける」「参加する」「受け入れられる」などの意味もあります。

109

"I told you."

"No; I mean really."

"I don't know," he said. She looked at him and put out her hand. "Poor old Phil," she said. He looked at her hands, but ⑥he did not touch her hand with his.

"No, thanks," he said.

"⑦It doesn't do any good to say I'm sorry?"

"No."

"Nor to tell you how it is?"

"I'd rather not hear."

"I love you very much."

"Yes, this proves it."

"I'm sorry," she said, "if you don't understand."

"⑧I understand. That's the trouble. I understand."

"You do," she said. "That makes it worse, of course."

"Sure," he said, looking at her. "⑨I'll understand all the time. All day and all night. Especially all night. I'll understand. You don't have to worry about that."

"I'm sorry," she said.

"⑨If it was a man—"

"Don't say that. ⑩It wouldn't be a man. You know that. Don't you trust me?"

"That's funny," he said. "Trust you. That's really funny."

"I'm sorry," she said. "That's all I seem to say. ⑪But when we do understand each other there's no use to pretend we don't."

"No," he said. "I suppose not."

Ch.3 The Sea Change

Grammar Points ここ に 気 を つ け て 読 も う

⑥ この with の意味用法は？

he did not touch her hand <u>with</u> his

⑦ it は何を指していますか？

<u>It</u> doesn't do any good to say I'm sorry?

⑧ I understand と I'll understand の違いは？

<u>I understand.</u> / <u>I'll understand</u> all the time.

⑨ なぜ was になっているのでしょうか？

If it <u>was</u> a man—

⑩ なぜ「（相手が）男性であるはずがない」と言っているのでしょうか？

It wouldn't be a man.

⑪ この do はどのような役割を担っているでしょうか？

But when we <u>do</u> understand each other there's no use to pretend we don't.

·····································

N O T E S
·····································

L.028 old

dear「親愛なる」などに近いニュアンスで、親しみを込めるときに使われます。

L.034 I'd rather not hear. ▶むしろ聞きたくない。

would not rather ではなく、would rather not という語順になることに注意しましょう。

"I'll come back if you want me."

"No. I don't want you."

Then they did not say anything for a while.

"You don't believe I love you, do you?" the girl asked.

"Let's not talk rot," the man said.

"Don't you really believe I love you?"

"Why don't you prove it?"

"⑫<u>You didn't use to be that way</u>. You never asked me to prove anything. That isn't polite."

"⑬<u>You're a funny girl.</u>"

"You're not. You're a fine man and it breaks my heart to go off and leave you—"

"You have to, of course."

"Yes," she said. "I have to and you know it."

He did not say anything and she looked at him and put her hand out again. The barman was at the far end of the bar. ⑭<u>His face was white and so was his jacket.</u> He knew these two and thought them a handsome young couple. ⑮<u>He had seen many handsome young couples break up and new couples form that were never so handsome long.</u> ⑯<u>He was not thinking about this, but about a horse.</u> In half an hour he could send across the street to find if the horse had won.

"⑰<u>Couldn't you just be good to me and let me go?</u>" the girl asked.

"What do you think I'm going to do?"

Two people came in the door and went up to the bar.

Ch.3 The Sea Change

Grammar Points　　　　　　　　　　　ここに気をつけて読もう

⑫ ここでの didn't use to は、どういう意味でしょうか？

You <u>didn't use to</u> be that way.

⑬ この funny は、どのようなニュアンスで用いられていますか？

You're a <u>funny</u> girl.

⑭ ここで使われている so はどのような意味ですか？

His face was white and <u>so</u> was his jacket.

⑮ that は関係代名詞ですが、先行詞はどれでしょう？

He had seen many handsome young couples break up and new couples form <u>that</u> were never so handsome long.

⑯ think about と think of の違いはわかりますか？

He was not <u>thinking about</u> this, but about a horse.

⑰ 否定疑問文が伝えたい内容は？

<u>Couldn't you</u> just be good to me and let me go<u>?</u>

··

N O T E S

··

L.055　talk rot　▶たわごとを言う

L.072　if ...　▶…かどうか

名詞節を作る、従属接続詞の if です。

113

"Yes, sir," the barman took the orders.

"You can't forgive me? When you know about it?" the girl asked.

"No."

"You don't think things we've had and done should make any difference in understanding?"

"Vice is a monster of such fearful mien," the young man said bitterly, "that to be something or other needs but to be seen. Then we something, something, then embrace." He could not remember the words. "I can't quote," he said.

"Let's not say vice," she said. "That's not very polite."

"Perversion," he said.

"James," one of the clients addressed the barman, "you're looking very well."

"You're looking very well yourself," the barman said.

"Old James," the other client said. "You're fatter, James."

"It's terrible," the barman said, "the way I put it on."

"Don't neglect to insert the brandy, James," the first client said.

"No, sir," said the barman. "Trust me."

The two at the bar looked over at the two at the table, then looked back at the barman again. ⑱Towards the barman was the comfortable direction.

"I'd like it better if you didn't use words like that," the girl said. "There's no necessity to use a word like that."

"What do you want me to call it?"

Grammar Points

こ こ に 気 を つ け て 読 も う

⑱ この文の主語は？

Towards the barman was the comfortable direction.

....

N O T E S

....

L.081 make a difference in ... ▶ …に変化を与える

L.083 Vice is a monster of such fearful mien ▶ 悪徳（不道徳）はかくも恐ろしき顔の怪物である

Alexander Popeの詩からの引用。全文を正確に引用すると、以下のようになります。

"Vice is a monster of so frightful mien

As to be hated needs but to be seen;

Yet seen too oft, familiar with her face,

We first endure, then pity, then embrace."

L.088 perversion ▶ 倒錯

"You don't have to call it. You don't have to put any name to it."

"That's the name for it."

"No," she said. "We're made up of all sorts of things. You've known that. You've used it well enough."

"You don't have to say that again."

"⑲Because that explains it to you."

"All right," he said. "All right."

"You mean all wrong. I know. It's all wrong. But I'll come back. I told you I'd come back. I'll come back right away."

"No, you won't."

"I'll come back."

"No, you won't. Not to me."

"You'll see."

"Yes," he said. "That's the hell of it. You probably will."

"Of course I will."

"Go on, then."

"Really?" She could not believe him, but her voice was happy.

"Go on," his voice sounded strange to him. He was looking at her, at the way her mouth went and the curve of her cheekbones, at her eyes and at the way her hair grew on her forehead and at the edge of her ear and at her neck.

"Not really. Oh, you're too sweet," she said. "You're too good to me."

"⑳And when you come back tell me all about it." His voice sounded very strange. He did not recognize it. She looked at him

Ch.3 The Sea Change

Grammar Points　　　　　　　　ここ に 気 を つ け て 読 も う

⑲ この that explains it to you は、どのような意味でしょうか？

Because <u>that explains it to you</u>.

⑳ it は何を指していますか？

And when you come back tell me all about <u>it</u>.

. . . .

N O T E S

. . . .

L.105 That's the name for it. ▶そしたらそういう名前にしておくよ。

L.112 right away ▶すぐに、直ちに

L.122 cheekbone ▶頬骨

quickly. He was settled into something.

"You want me to go?" she asked seriously.

"Yes," ㉕he said seriously. "Right away." His voice was not the same, and his mouth was very dry. "Now," he said.

She stood up and went out quickly. She did not look back at him. ㉖He watched her go. ❸He was not the same-looking man as he had been before he had told her to go. He got up from the table, picked up the two checks and went over to the bar with them.

"I'm a different man, James," he said to the barman. "You see in me quite a different man."

"Yes, sir?" said James.

"Vice," said the brown young man, "is a very strange thing, James." He looked out the door. ㉗He saw her going down the street. As he looked in the glass, he saw he was really quite a different-looking man. The other two at the bar moved down to make room for him.

"You're right there, sir," James said.

The other two moved down a little more, so that he would be quite comfortable. The young man saw himself in the mirror behind the bar. "I said I was a different man, James," he said. Looking into the mirror he saw that this was quite true.

"You look very well, sir," James said. "You must have had a very good summer."

Ch.3 The Sea Change

G r a m m a r   P o i n t s　　　　　　　　　　ここ に 気 を つ け て 読 もう

㉑ この seriously を前置させ、seriously he said とすることはできますか？

he said <u>seriously</u>

㉒ これら二つの文で、go と going が使い分けられているのはなぜでしょうか？

He watched her <u>go</u>. / He saw her <u>going</u> down the street.

解 釈 の ポ イ ン ト ❸　　→ *p.138*

この部分は、具体的にはどのようなことを言っているのでしょうか？

He was not the same-looking man as he had been before he had told her to go.

N O T E S

L.134　**same-looking**　▶同じ（よう）に見える

後に出てくる different-looking「違ったように見える」と対比されています。

L.145　**make room for ...**　▶…のために場所を空ける

119

「ここに気をつけて読もう」の解説

Commentaries on Grammar Points

→ p.109

① ここのcan'tとwon'tはどのようなことを表しているのでしょうか？

"No," said the girl. "I can't."

"You mean you won't."

▶ ▶ ▶ 二人の男女の「すれ違い」を表しています。

解説 この物語冒頭の会話で、can'tとwon'tという否定形の助動詞によって、男女二人の**「すれ違い」**や**「考えの相違」**が表されています。女性が用いているcan'tは、「能力的にできない」「やりたくない」と思っていることを表しているのに対し、男性のwon'tは「（本当はできるはずなのに）自分の意思でやるつもりがないんだ」という意味を表しています。

　ここに出てきた助動詞については本章の「講義」でくわしく説明していますので、助動詞について理解を深めたい方は先にそちらから読んでくださってもかまいません。

→ p.109

② それぞれのthatの文法的な役割を説明できますか？

That's all that I mean.

▶ ▶ ▶ 一つ目の that は「指示代名詞」、二つ目の that は「関係代名詞」です。

解説 最初のthatは**指示代名詞**、もう一つのthatは**関係代名詞**です。なお、目的格の関係代名詞thatは省略可能ですから、That's all I meanと言うことも可能です。また、**先行詞がallのときには関係代名詞は基本的にthatになる**ということも確認しておきましょう。

120

thatにはいろいろな機能がありますので、文章中にthatが登場してきたら、そのthatがどのような文法的役割を果たしているかを正確に見極める必要があります。thatの代表的な機能は、以下の六つです。

1 指示形容詞

名詞の前において「あの、例の、そんな」という意味を表します。

....

例 that boy「あの少年」（複数形は those boys）

2 指示代名詞

「あれ、それ」のように、前の文脈を指示する用法です。

....

例 That sounds great!（それはすごいね！）

3 関係代名詞

....

例 Who that has seen Uluru can forget their beauty?（ウルルを見たことがあるひとで、誰がその美しさを忘れることができようか？）

関係代名詞のwhoやwhichをthatに書き換えることができるのですが、逆に、関係代名詞のthatをwhoやwhichに書き換えられないことがあります。ここで挙げた例はWho who has seen …とすることができません。口調的にもおかしいですよね。

4 関係副詞

....

例 When was the last time (that) you saw a movie?（最後に映画を見たのはいつですか？）

先行詞the time、the reasonなどの後に関係副詞としてのthatを用いますが、たいていの場合は省略されます。

5 接続詞

....

例 Do you know <u>that</u> John got married?（ジョンが結婚したの知っていますか？）

6 同格

....

例 I heard the rumor <u>that</u> John got married.（ジョンが結婚したという噂を耳にしました）

簡単にthatの用法について確認したところで、以下の文のthatの役割と意味を考えてみましょう。

<u>That</u> boy said <u>that</u> <u>that</u> <u>that</u> <u>that</u> girl used in <u>that</u> sentence was wrong.

説明のために番号をつけてみます。また、よりわかりやすくするために、引用符も入れてみましょう。

1 <u>That</u> boy said **2** <u>that</u> **3** <u>that</u> **4** "<u>that</u>" **5** <u>that</u> **6** <u>that</u> girl used in **7** <u>that</u> sentence was wrong.

1 のthatはboyにくっついて「あの男の子」となるので、指示形容詞ですね。同様に **6** もgirlにくっついて「あの女の子」となるため、指示形容詞です。**2** はsaidという他動詞の後ろに目的語となる節をとる接続詞です。**3** は「あの」と

122

いう指示形容詞、**4** はthatという単語そのもの、**5** はthat girl usedの目的語部分がありませんので、関係代名詞になります。そして、**7** はsentenceを説明しているので、指示形容詞になります。意味は**「あの男の子は、あの女の子があの文の中で使った、あのthatは間違えていると言った」**となります。

→ p.109

③ 前置詞exceptの目的語になる部分は？

It was early, and there was no one in the café <u>except</u> the barman and these two who sat together at a table in the corner.

▶ ▶ ▶ **the barman and these two who sat together at a table in the corner が except の目的語です。**

解 説 「カフェには一組のカップルと、バーテンダー以外は誰もいなかった」ということですので、**exceptの目的語は文の最後まで**となります。この文は「日本語にはない発想」に基づいています。あなたが誰もいない部屋から電話をしている場面を想定してください。相手から「そこに誰かいる？」と聞かれたら「誰もいません」と答えると思います。でも、よく考えてください。その部屋には、誰もいないわけではなく、あなたがいるのです。正しくは、「私を別にすれば、誰もいない」ということが状況を適切に説明する答えになります。でも、日本語ではそんな言い方はあまりしませんね。これを英語にすると、次のようになります。

Nobody is here except me.

except me「私を除いて」という表現が追加されていますね。Nobody is here. という文は、言いたいことはわかりますが、少し不自然な感じがしてしまうのです。日本語では「誰もいません」と、見えていない自分自身は表現しなくてもいいのですが、英語では、観察者である自分自身も表現することが好まれます。

123

では、there was no one in the caféだけだとどのような場面を想定することができますか？　警備員が別の部屋から監視カメラで映し出されたモニタを見ながら、店内には誰もいないことを確認するような場面などが考えられますね。また、アガサ・クリスティの有名な小説に『そして誰もいなくなった』があります。この原題は*And Then There Were None*です。ストーリーは無人島に集められた十人が一人ずつ殺されていき、十人目も亡くなってしまう。つまり、本当に誰一人いなくなってしまうので、There were noneという表現がしっくりきます。とても面白い推理小説なので、結末が気になる方はぜひ読んでみてください。

→ p.109

④ I'll kill her. は I am going to kill her. に書き換えても、同じ意味になりますか？
I'll kill her.

▶ ▶ ▶ 　**なりません。ニュアンスがまったく変わってしまいます。**

解説　willには「発話した時点の話し手の意志」を表す用法があります。物語冒頭部分では二人のすれ違いが描写されており、やり取りをしていく中で、彼の中ではだんだんと怒りの気持ちが増幅していきます。そして、まさに「この瞬間」殺意が芽生えたというニュアンスを表しています。熟慮に熟慮を重ねた結果というよりもむしろ、パッと火が着いたような感じです。

　これに対して、I am going to kill her. だと、「すでに彼女の殺害を計画していて、後は実行に移すだけ」というような感じになってしまいます。

→ p.109

⑤ この〈could have ＋ 過去分詞〉は、どのような意味ですか？

Couldn't you <u>have gotten</u> into something else?

▶ ▶ ▶ 　**「できたはずなのに、しなかった」という意味を表しています。**

Ch.3 The Sea Change

解説 〈could have + 過去分詞〉で「…した［できた］はずだ（が、しなかった）」という意味になります。一人称以外が主語になると、「しようと思えばできたのに、しなかったじゃないか！」という、相手への非難が込められた文になることがあります。この Couldn't you have gotten into something else? も、「何か別のこと（something else）にのめり込むことはできなかったのか？ そうしようと思えばできたのに！」と**相手をなじるニュアンス**が込められています。

次の文の意味はわかりますか？

　　I <u>couldn't have done</u> it without you.

こちらの文は「あなたなしには、それを成し遂げることはできませんでした」という感謝の気持ちを表しています。〈could have + 過去分詞〉の否定形は、非難のニュアンスを伴わない場合、**「した（できた）はずがない」**いう意味を表すのが基本です。

次に、couldn't を使った有名な表現に I couldn't agree with you more. があります。どういった意味でしょうか？ 授業で学生さんに聞くと「まったく賛成できない」という意味だと答える人がたくさんいました。could は仮定法の could です。この文は「もし私があなたに同意したくても、これ以上同意しようもない」という意味です。仮定法過去は現在の事実に反する事柄を言いますので、「これ以上同意したくても、できないくらいだ」→「これ以上できないくらい同意している」となり、結果として**「大賛成である」**という気持ちを伝えることになります。なお、I can't agree with you. としてしまうと、「私はあなたに賛成できない」という意味になってしまいますので、仮定法の could を使うことを忘れないでください。

125

→ p.111

⑥ このwithの意味用法は？

he did not touch her hand <u>with</u> his

▶ ▶ ▶ 　道具を表す**with** です。

解説　hisは所有代名詞でhis handsを意味しています。日本語は「彼は彼女の手に触れなかった」といえばなんとなく彼の手で彼女の手を握ったり、そっと手を重ねたりするようなイメージが浮かびますが、英語ではきちんと**「彼は彼の手で彼女の手を触らなかった」**というような少し回りくどい言い方をしなければなりません。その時に、道具を表すwithが使われます。

→ p.111

⑦ itは何を指していますか？

<u>It</u> doesn't do any good to say I'm sorry

▶ ▶ ▶ 　この文の最後にある **to say I'm sorry** を指し示す「仮主語」の **it** です。

解説　to say I'm sorryを指し示す仮主語のitです。not do any goodは「なんの役にも立たない」という意味です（← do good「役に立つ、良いことをする」）。

　このようなタイプの文が使われる理由として、一般には「文頭に長い主語があるのはよくないので、長い主語を文末に移動して、形式的な主語としてのitを置いた」と説明されています。ところが、この説明は正確ではありません。このitを考えるために、古い時代の英語を見てみます。「雨が降る」とか「暑い」といった自然現象を表すとき、主語にitが使われていました。これが天候を表すitの由来です。そして、このitは次第にto不定詞、動名詞、that節を後ろに従えることになっていきました。それで、It ... to *do*の形が生まれたのです。つまり、**to不定詞が主語に来るという文型よりも昔にIt ... to *do*の形が存在した**のです。

　ですから、しばしば便宜的に用いられる「主語にto不定詞句が置かれると頭

でっかちになってしまうから、それを文末に移動させて、代わりに主語の位置にitを入れた」という説明は、言語学的には正しくないのです。文頭のitは、**その後ろにくわしい情報が不定詞や動名詞、that節で展開されることを予告するために**置かれていると考えておきましょう。

→ p.111

⑧ I understand と I'll understand の違いは？

I understand. / I'll understand all the time.

▶▶▶ **I understand** は「これまでのことは理解している」という意味で、**I'll understand** は「これからも忘れることはない」ということを意味しています。

"I understand" と "I'll understand" という表現が使われているので、これらについて考えてみましょう。

現在時制の I understand は、**「すべての事情をすでにわかっている」**ということを表しています。前の文の "I'm sorry," she said, "if you don't understand."（「ごめんなさい」、彼女は言った。「もし、わかってくれないなら」）という部分に呼応しています。

これに対して、I'll understand all the time は、自分の気持ちを彼女にぶつけるかのように、**「いつも理解しようと心がけてきたし、忘れることなく、これからも絶対にそうする意志がある」**ということを伝えています。どことなく男性が強がりを言っているような響きもありますね。

男性は、さらに All day and all night. Especially all night. と言って、同じ言葉（all night）を反芻しています。この部分からは、単に強がっているだけでなく、自分自身を落ち着かせ、今の状況をきちんと把握しようとしているかのような心理状況も読み取ることができます。結局、**男性は目の前に起きていることを、完全には理解、納得していない**ように思われます。このように考えると、彼の I understand. という発言は、本心を伝えていない可能性もありますね。

→ p.111

⑨ なぜwasになっているのでしょうか？

If it was a man—

▶ ▶ ▶ 仮定法過去の文で使われる was です。

解説　仮定法過去の文。仮定法過去は、**現在のあり得ないことについて表わす**ために使われます。現実はIt is a woman.であり、それをなんとか否定したいという男性の気持ちがIf it was a man.という発言に表れているのです。やはり、彼はこの状況が受け入れられないということがわかります。なお、伝統的な英文法では、仮定法では、主語に関係なく、be動詞の過去形はwereを使うとされています。もちろん、wasでもwereでもどちらも正しい用法です。

→ p.111

⑩ なぜ「（相手が）男性であるはずがない」と言っているのでしょうか？

It wouldn't be a man.

▶ ▶ ▶ 彼女に女性のパートナーができたから。

解説　It wouldn't be a man.（男の人であるはずがない）と言ったところで、この瞬間、女性がバイセクシャルであることが白日の下にさらされます。でも、それを男性がしっかりと受け止められないため、相変わらず、この二人の会話はぎくしゃくしながら続いています。

　彼女のI'll come backという発言は「現時点での意志」を表わしていますが、「条件」がついています。「わたしが必要なら、戻ってくる」と彼女は言うものの、本当に戻ってくるのでしょうか？　彼女がレズビアンだとしたら「戻ってくる」なんて言わなかったのかもしれません。また、I love you.も本当に彼のことが好きだから言っているとも考えられます。バイセクシャルと仮定したら、彼女は目の前にいる彼に対して恋愛感情を抱くことは可能でしょうし、女性も好きだと言えます。だから、彼と新しい恋人を天秤にかけてみていろいろと悩んだ結果、「別れ

る」という道を選んだのかもしれません。

→ p.111

⑪ この do はどのような役割を担っているでしょうか？

But when we <u>do</u> understand each other there's no use to pretend we don't.

▶ ▶ ▶ **強調するための助動詞です。**

解説 when we do の do は強調の do で、動詞の意味を強める役割を持っています。「お互い、<u>ちゃんと</u>理解し合っているのだから」という意味になります。そして、there is no use to pretend になっていますが、規範的な文法では、ここは There is no use (in) pretending と動名詞にします。また、pretend の後には、接続詞の that が省略されています。

→ p.113

⑫ ここでの didn't use to は、どういう意味でしょうか？

You <u>didn't use to</u> be that way.

▶ ▶ ▶ **過去を表す助動詞 used to の否定形です。**

解説 used to は<u>「かつては…だった」</u>という意味の助動詞で、<u>「現在はそうではないが</u>、かつては…したものだ」というニュアンスがあります。これを否定形にしたものが、didn't use to「昔は（かつては）…ではなかった」です。この文は、「昔のあなたはそんなではなかったでしょ」「昔のあなたは、そんな言い方はしなかったわ」のような内容を表しています。

では、used to と would の区別はできますか？　どちらも過去のことについて言及をしますが、その意味は違っています。used to は「過去の習慣・状態で、それは今はやっていない・そういう状態ではない」ということを表します。一方would は過去を回想して「よく…したものだった」という意味を表します。両者

129

の違いについてもう少し考えてみましょう。

例えば、When I was young, I would listen to the radio.（若い頃、ラジオを聴いていたものだった）という文は、単に「昔、聞いていた」という意味を表わしています。そこには「今は聞いていない」という含みは存在しません。つまり、**wouldの場合は今でもそうである可能性がある**のです。なお、原則的に、過去の習慣を表わすwouldは「もの」を主語にとることはできません。そのため、例えば「この店は、かつては真夜中まで開いていた」をThis store <u>would</u> stay open until midnight.のように言うことはできません。

一方、I used to live in Hachioji.（かつては八王子に住んでいました）という文は、今では八王子に住んでいないということがわかります。現在は別のところに住んでいて、過去の住まいに言及しているのです。これをI would live in Hachioji.とすると、「八王子に<u>住むのになあ</u>」という、仮定法過去の文になってしまいます。

では、「昔はかなり速く走れたのになぁ」と言いたい時には、used to と would のどちらがよいでしょうか？「今じゃ、そんなに早く走れない」ということを伝えたいので、I used to run very fast.となりますね。

ちなみに、used toは歴史的に見てみると面白いので、簡単に説明をしておきます。かつて、動詞のuseには「習慣にする」という意味がありました。そして、1380-1655年頃にはusedという形容詞がありました。それは「習慣の、いつもの」という意味を持っていましたが、この意味は、現在は残っておらず、その「形」だけが残ったというわけです。結果として、現代英語のused toは「現在はやってはいないが、<u>習慣的に</u>…したものだ」という意味を表すようになったのです。

Ch.3 The Sea Change

→ p.113

⑬ このfunnyは、どのようなニュアンスで用いられていますか？

You're a <u>funny</u> girl.

▶▶▶ **侮蔑的に「笑止千万・笑わせる女だ」と言っています。**

解説 形容詞のfunnyにはfunny storyのように「笑ってしまうほど面白い話」のような意味がありますが、ここでは、そのような意味では使われていませんね。文字通り捉えることができませんので、皮肉として使われています。

また、次の行にあるfine manの意味もあわせて考えておきましょう。文字通りですと、「立派な人」となりますが、この部分も皮肉として使われています。「ずいぶんとご立派な方」のようなニュアンスを読み取ってください。

→ p.113

⑭ ここで使われているsoはどのような意味ですか？

His face was white and <u>so</u> was his jacket.

▶▶▶ **white を置き換えています。**

解説 soには、**前に出てきた名詞や形容詞を置き換える役割**があります。したがって、His face was white and his jacket was so.となり、soがwhiteの置き換えであると考えると、His face was white and his jacket was white, too.という意味になっていることがわかります。例えば、Takashi speaks Arabic and so do I.（タカシはアラビア語を話す。そして、私もそうだ）というような使われ方をします。このようなsoを伴う倒置文は、**主語**（この場合はhis jacketやI）**を新情報として強調する**ために用いられます。

131

→ p.113

⑮ that は関係代名詞ですが、先行詞はどれでしょう？

He had seen many handsome young couples break up and new couples form <u>that</u> were never so handsome long.

▶ ▶ ▶ **new couples です。**

解説 ちょっと複雑な構造になっていますので、まずはこの文で使われている表現から確認していきましょう。まず、冒頭のhad seenは〈had＋過去分詞〉で、過去完了の表現になっています。これは物語（小説）の過去形が小説内の現在を表していることからもわかるように、過去完了は小説内の過去の時間を表しています。さらに〈see＋目的語＋動詞の原形〉は「…が〜するのを見る」という意味で、このseeは知覚動詞です。またandによって、many handsome young couples break up と new couples form が並列されていますので、「多くの素敵な若いカップルが別れ、新しいカップルが生まれるのを見た」という内容になっています。

問題のthat節ですが、were never so handsome longは「…はそう長続きするようなことがなかった」という意味になります。wereがあるので、「複数形の主語」が先行詞だということがわかりますね。

実はこの文は、本来的には以下のような形になっています。

<u>He had seen ... new couples that were never so handsome long form.</u>

new couples that were never so handsome long「そう長続きするようなことはなかった新しいカップル」がhad seenの目的語であり、その後に原形動詞のformが置かれた形です。しかし、この形では動詞のformがnew couplesからずいぶん離れてしまうため、意味が取りにくくなります。そのため、**formを「飛び越えて」、関係代名詞が後に回された**というわけです。このように、関係代名詞の

Ch.3 The Sea Change

節が長くなると、文の最後に後置されることがよくあります。

→ p.113

⑯ think aboutとthink ofの違いはわかりますか?

He was not <u>thinking about</u> this, but about a horse.

▶ ▶ ▶ **think about** は「あれこれ考える」、**think of** は「特定の人やものごとのことを考える、思い出す」という意味です。

解説 aboutには「周囲に」という意味があります。そこから、about 6 p.m.は「午後六時の周囲に」→「午後六時ぐらいに」という意味になることがわかると思います。そして、ofは「分離」という原義から派生して「…という性質・特徴の」という意味があります。例えば、Jonny was <u>of</u> medium height and medium build.（ジョニーは中肉中背だ）では、ジョニーという人物像をより細かく特定するために〈of＋名詞〉が用いられます。

そこで、think about youとthink of youの違いを考えてみましょう。think about youは、「あなたのことを<u>あれこれ</u>考える」という意味で、think of youは「あなたのことを<u>思い出し</u>て考える」という意味になります。英語圏では、「あなたのことが好きだ」という時にI think of you a lot.と言います。「あなたのことを思い出してはたくさん考える」→「好き」となります。また、遠く離れている家族に心配していることを伝える時もthink of youを使います。

本文でthinking of a horseだったとしたら、「ある一頭の馬のことについて考えている」という意味で、少しおかしいですよね。「馬そのもの」ではなく「馬に関わることがら」、すなわち「競馬のレースの結果一着になる馬は何だろうか」ということを考えているので、thinking aboutが使われているのです。

133

→ p.113

⑰ 否定疑問文が伝えたい内容は？

Couldn't you just be good to me and let me go?

▶ ▶ ▶ 　質問ではなく、「お願い」をしていると考えましょう。

解説　この作品にはいくつもの否定疑問文が出てきます。こうした否定疑問文は純粋な疑問文ではなく、何か伝えたいメッセージを含んでいます。このように、「疑問文の形をしていながら、実際には質問ではない文」のことを**修辞疑問文**（rhetorical question）といいます。

　ここでは、Could you just be good to me and let me go?（私に優しくして、私を自由にさせてくれない？）という許可を求める疑問文なのですが、これを否定疑問文にすることによって、強いメッセージを伝えています。つまり、彼女は**「お願いだから」**というようなニュアンスを込めているのです。

　なお、肯定の修辞疑問文は、**断定的な否定**の意味を持ちます。例えばWho knows?は「誰が知っているの？」→「誰も知らない」ということから、「知るもんか！」という投げやりな言葉になります。また、Who cares?は「誰が心配するの？」ではなく、「どうでもいいよ！」といったニュアンスを表します。

　また、否定の修辞疑問文は、**強い肯定**の気持ちを表します。Who doesn't know?は「知らない人は誰？」→「みんな知ってる」ということで、「誰でも知ってるよ！」という意味になります。また、Isn't it funny?は「おかしくないの？」という質問ではなく、「すごくおかしい！」という意味です。

→ p.115

⑱ この文の主語は？

Towards the barman was the comfortable direction.

▶ ▶ ▶ 　**Towards the barman**ですが、言葉を補って考えましょう。

134

Ch.3 The Sea Change

解説 ここは文脈からLooking towards the barman was the comfortable direction. のように、lookingを補って読むとわかりやすいですね。つまり、「バーテンの方向を向いているほうが、居心地がよかった」ということです。

副詞や前置詞句が文の主語になるということについて、ここで確認をしておきましょう。ヘミングウェイの『移動祝祭日』にはNow is the big season.（今こそ、一番いい時期だ）、『武器よさらば』にはHere at Locarno is a very nice place.（ここロカルノは非常に良い場所である）という、それぞれ副詞が主語になっている例が見られます。また、前置詞句が主語になる例としては、Around 7 p.m. would be fine with you?（午後七時ぐらいで都合はどう？）、Under the bed is a nice place to hide.（ベッドの下は隠れるには最適だ）などがあります。

→ p.117

⑲ この that explains it to you は、どのような意味でしょうか？

Because that explains it to you.

▶ ▶ ▶ 「そう言えばあなたにわかってもらえる」。

解説 thatは前の発言を指して「そういうふうに言うこと」、そしてitは「二人の間で議論をしている問題」を示しています。「そんなふうに言うことがこの問題をあなたに説明する」というのが直訳になりますが、**「そう言えばあなたがわかるだろうから」**という意味を伝えています。

→ p.117

⑳ it は何を指していますか？

And when you come back tell me all about it.

▶ ▶ ▶ 「ことの顛末」。

解説 「戻ってきたら『そのこと』について教えてくれよ」と、男性が女性に言っている場面です。「彼女に女性の恋人ができ、彼女は彼の元をさりた

135

い」、そして、「その後、彼女は戻ってくると言い張っている」という状況ですので、男性は「ことの顛末」を教えてくれと間接的に言っているわけです。

　なお、男性は「戻ってきたら、あったことすべてを話してくれよ」と言った後に、声が裏返って（His voice sounded very strange.）しまいます。こうした描写から、彼自身が完全に状況を理解できていないことが読み取れます

→ p.119

㉑ このseriouslyを前置させ、seriously he saidとすることはできますか？

he said seriously

▶ ▶ ▶ 　可能ですが、意味が変わってしまいます。

解説　seriously he saidと言うことは可能ですが、**意味が変わってしまいます。**判断や様子を表す副詞は文頭または文末に置くことができますが、文頭に置いた場合は、**話し手の判断を表す**ことになります。そのため、seriously he saidでは、「冗談はさておき、彼は言った」という意味になってしまいます。文末の副詞は動作の様子を表しますので、he said seriouslyは「彼は深刻そうに言った」という意味になります。

→ p.119

㉒ これら二つの文で、goとgoingが使い分けられているのはなぜでしょうか？

He watched her go. / He saw her going down the street.

▶ ▶ ▶ 　原形の場合は「動作の一部始終を見た」、現在分詞の場合は「途中経過、様子を見た」という意味の違いがあります。

解説　知覚動詞の構文は、目的語の後ろに原形・現在分詞・過去分詞を取ることができます。現在分詞が置かれた場合は動作が進行している様子、過去分詞の場合は受動の意味が浮かび上がってきます。

　一般的には原形が来ると、「その動作の開始から完了まで」、そして現在分詞の

場合はその動作が未完了、すなわち「ある動作が行われている最中」というニュアンスになります。そのため、He watched her go.は「彼女がバーから出て行ってしまう一部始終を見た」という意味を表します。また、He saw her going down the street.は「彼女が道を歩いている様子が目に入った」ということを表します。

　原形と現在分詞の違いについて、もう少し専門的に考察してみましょう。原形が来る場合は、観察者の「ありのままの知覚」を描写します。また、現在分詞は、観察者と観察対象の間に何らかの関係性があり、観察者の「瞬間的な知覚」を表すと考えられています。したがって、I saw him crossing the traffic. だと、彼が道路を横断したかどうかは不明で、横断歩道を渡っているその途中が視界に入ってきたというような意味になります。加えて、I saw him cross the traffic.は動作が終了するまで見ていたということですので、「道路を渡るという動作の、一部始終を見た」という意味になります。

解釈のポイント ·····················Beneath the surface

❶作品のタイトルの意味は何でしょうか？

The Sea Change

→ The Sea Changeというタイトルなのに、この作品の中には一切「海」が出てきません。作中で示されている舞台はパリですが、ヘミングウェイの伝記に従えば、この作品はヘミングウェイがバスク地方に滞在していたときにバーで目撃した男女を題材としているようです。この短編のモデルとなったバーはLe Bar Basque Saint Jean De Luzで、今も営業しています。

　sea changeをLDOCEで調べると、a very big change in somethingとあります。つまり、海の話ではなく、「何かに大きな変化が起きた」という意味になります。「女性の恋愛対象の変化」から、「二人の関係の変化」が起こり、さらには

「フィルと呼ばれる男性に大きな変化が起きた」と考えてもよいでしょう。つまり、フィルの恋人が「女性が好きになった」ことを打ち明けた瞬間から、**大きな変化の連鎖**が生じていくのです。

❷ この情景描写から、どんなことが読み取れますか？

It was the end of the summer and they were both tanned ... and grew beautifully away from her forehead.

→夏の終わりのパリ。カフェにいる二人の男女。この二人はひと夏をともにしてきたのでしょうか、「場違い（out of place）」なほどに、日焼けをしています。女性はツイードのスーツを着ていて、金色の髪は短くカットされています。

　第一次世界大戦前まではビクトリア朝風の価値観が根強く残っており、女性は「女性らしさ」が求められていました。髪の毛は肩にかかるようにし、くるぶしが隠れるぐらいの長さのスカートを履き、さらにコルセットで腰を締め付けるというのが一般的でした。しかし、ここに出てくる女性は、こうした**伝統的な「女性らしさ」の概念を打ち破る、非常に大胆な服装と髪型**です。ヘミングウェイが当地に滞在していた1920年代には、このような服装や髪型が流行していました。彼女は、そのような「保守的」ではない、ある意味男性らしい格好をしていくうちに、**だんだん心も「男性的」になっていった**のかもしれません。何気ない描写ですが、ここを見落としてしまわないようにしたいですね。

❸ この部分は、具体的にはどのようなことを言っているのでしょうか？

He was not the same-looking man as he had been before he had told her to go.

→最初は女性とふたりでテーブル席で話をしていましたが、女性が店から出て行ってしまうと、男性はカウンターに向かいます。そしてカウンターの向こう側の鏡で自分自身を見て、**自分の変化**に気がつきます。「まるで別人のように見え

た」ということが認識できたわけです。つまり、彼は鏡をのぞき込むことによって、**自己を客体化**させ、その変化を知ることになります。これは単なる外見的な変化ではなく、**心の中の変化**を表しているのでしょう。

　なお、ラストシーンでは、バーカウンターにいた二人の先客たちが、無言で彼のために場所を空けてくれます。それまでの男女二人の言葉の応酬とは異なり、最後に**男性同士の無言のコミュニケーション**が描かれているわけです。

ワンポイント文法講義 ③

Mini-lecture

助動詞のニュアンスの
違いを理解しよう

助動詞は、法助動詞とそれ以外の助動詞に分けられます。主な法助動詞はcan、may、will、shall、mustなどです。そして、do、have、beは法助動詞ではない助動詞です。助動詞のdoは疑問文、否定文、強調などで使われます。haveは完了形、beは進行形と受け身の文を作るときに使われる助動詞です。ここでは、主に法助動詞を扱います。法助動詞は、**ある事柄や出来事に対して話し手がどのような態度を示すのかを表わす役割を持っています。**

例えば「雨が降る」と言うとき、It may rain.とIt will rain.では、話し手が伝えたい意味が異なっているということはご存知だと思います。mayは「…かもしれない」という訳語からもわかるように、willよりも話し手の**「確信の度合い」**が低いことを示す助動詞です。では、それぞれの法助動詞に、どのような違いがあるかについて見ていきましょう。

can't と won't の違いを考えてみよう

このストーリーは、以下のような男女の口論から始まります。

> "All right," said the man. "What about it?"
> "No," said the girl, "I can't."
> "You mean you won't."

女性が用いているcan'tは、**「能力的にできない」「やりたくない」**と思っていることを表しているのに対し、男性のwon'tは**「(本当はできるはずなのに)自分の意思でやるつもりがないんだ」**という意味を表しています。

読者はここで「二人は何について語っているのだろう」と疑問を持ちますが、先行する文脈がないため、もやっとした感じを持ちながら読み進めていかなければなりません。さらに、冒頭のWhat about it?のitが何を指しているのかがわか

140

らないところにも、もやっとした感じが残りますね。この部分の会話を見ると、男性のほうが女性に迫っているような印象を受けます。

　助動詞のcanは単に「できる」という意味だけではありません。例えば、海外のビーチにはSurfing can be dangerous.という掲示が出ていることがありますが、このcanは「できる」という意味ではありません。この看板は、「サーフィンをすることでけがにつながる可能性がある」ということを、読み手に対して注意喚起しているのです。つまり、canは「そういう可能性がある」と話し手が考えている時にも使われるのです。また、話し手が言及していることがらについて、実現可能性があると信じていることを伝えているとも言えるでしょう。もう少しcanについて理解を深めるために、次の文を見ていくことにしましょう。

I <u>am able to</u> swim, but I <u>can't</u>. It's too cold today.

　be able toは客観的に能力がある（≒ have the ability to）ことを提示し、一方canは述べられている話題が話し手の気持ちの問題であることを示します。話し手は泳ぐ能力は持っている（be able to swim）のですが、現時点の状況では「寒いからここで泳ぎたくない(can't swim)」と考えています。それがbe able to とcan'tで表されています。

　また、That can't be true.という文は、自分の期待が大幅に裏切られた結果、それを受け入れることができずに「そんなはずじゃない！」という気持ちを伝える表現です。信じていた人に恋人がいたりしたときは、すぐには受け入れられない。だから、そうあって欲しくないという強い気持ちになりますよね。

　次に助動詞のwillを見ていきましょう。willは発話者の「意志」を表わすことがあります。よく母親が子供に向けて「部屋を掃除しておきなさい！」と叱ると、子供は「やっておくから」と言いますね（たいていはやらず、また叱られるのですが…）。そんなときに子供はI'll do it.と言ったりします。そうすると母親はDo it right now.と言い返します。この例から考えられることは、助動詞のwillは今この時点ではやる意志があるということを伝えるだけであって、実行されな

くてもよいのです。そして、You will ...やHe will ...のように、二人称・三人称を主語にしたものは、**相手の意志について言及をする表現**です。さらに、Will you ...?は相手にその意志があるかどうかを確認する時に使います。このように、助動詞のwillには、**「話し手が第三者の気持ちを考えて発話をしている」という**ニュアンスがあるのです。

┃ 助動詞の違いから「認識の違い」を考える ┃

ヘミングウェイは男女ふたりの「すれ違い」を助動詞willとcanで明確に表現しているということは先に示した通りです。女性には何らかの事情があり「できない」と言っていますが、男性は納得していません。女性が「できない」のは、「その気持ち(意志)がないからやらないだけなのだろう」と責め立てます。どのような理由で彼女が「できない」のかが明確になっていないため、読み進める以外に理解する手立てがありません。しかしながら、二人の物事の捉え方がまったく異なっているということが、この最初の数行で明らかになっています。

ここで男女の「すれ違い」を表わす際に、「誰がどうした」とか「彼はこんなことを思っている」「彼女はこんな風に感じている」のような、長々とした説明的な描写は一切登場しません。**極限まで切り詰めた結果、willとcanだけが残った**のです。そのシンプルさ故に、読者に強い印象を与えることができるスタイルになっていると言うことができます。

シンプルな文体には曖昧性があり、そこには様々な解釈の余地があります。そのため、読者には、「助動詞の後にどんな動詞が省略されているか」などを、**「自分で考える楽しみ」**が与えられているのです。

┃ 助動詞のwillについてもう少し詳しく考えてみましょう ┃

他の場面に登場する助動詞も見てみましょう。I'll kill her.やI will. I swear to God I will.で使われているwillは、**発話した時点の話し手の意志**を表現しています。

物語冒頭部分で二人のすれ違いが描写され、会話を交わしていくことにより、

男性には、何かに対する怒りの気持ちが増幅していきます。そして、ある瞬間殺意が芽生えました。熟慮に熟慮を重ねた結果というよりもむしろ、パッと火が着いたような感じ。これが I'll kill her. です。I am going to kill her. だと、「既に殺害を計画していて、後は実行に移すだけである」というような感じになってしまいます。

be going to は未来の事柄を表わすと言われていますが、もともとは go to という動詞が進行形として用いられていることからも、**ある目的地に向かって進んでいる**という意味が下敷きとなり、**「ある行為に向かっている・このまま行けばある行為が生じることになる」**という意味を持っていると理解してください。例えば、My wife is going to have a baby in June. と言った場合、今が四月だとすると**「このまま行けば六月に子供が生まれる」「すでに予定としてそういう状況になっている」**という意味になります。つまり、出産をするという目的地に向かって進んでいる状況がこの be going to によって表わされています。ですので、話し手の意志や推量を表わす will とはこういった点で大きく異なります。

話を戻すと、ここで will が繰り返し使われているということは、彼は殺人計画を立てているわけではなく、**この瞬間にそういう気持ちになってしまった**ということを表わしています。そして、その気持ちが強い意志となって表れ、結果として暴力的な表現となったのです。

その殺意の対象は her とされていますが、これまでどこにもその人物が出てきていません。**説明なんて一切しない。これが徹底されています。**当人同士にはもちろん誰のことだかすぐにピンと来ますが、読者には誰だか特定することができません。しかし、勘のいい読者なら、彼女の服装や髪型からもわかるように、彼女に男性的な気持ちが芽生えてきており、それが話題になっている「恋人」に違いない、と推測することができるでしょう。

▍will と be going to の違いを読み取りましょう ▍

さらに二人のやりとりを見ていきます。彼女の発する It won't make you happy. は推量と捉えることができます。「そんなことしたっていいことなんてな

いよ」と彼の考えを正すような気持ちで言っているのです。次の、Couldn't you have gotten into something else?は仮定法と考え、「あのとき別の道を選択していたら、今頃こんなことにはなっていなかったはずだ」という、男性の強い思いが込められた発話になっていると言えます。**「別の選択肢を取ることができたのではないのか？」**と強く彼女に迫っている様子が、Couldn't you ...?を繰り返すことでよりリアルに浮かび上がってきます。

この後に女性がWhat are you going to do about it?と男性に尋ねるシーンがあります。be going toには**「既に予定として決めている」**という意味があります。そのため、この彼女の発言は、「彼がすでに決めていることを聞かせて欲しい」というニュアンスで、半ばあきらめたような印象を伴っています。「思いつき」の発言ではなく、「ちゃんと考えた上での真意を聞かせてほしい」という、彼女の「想い」が表われているのかもしれません。

▌mustとhave toの違いについて▐

ここまでcanとbe able to、willとbe going toの違いを見てきました。次に、mustとhave toの違いを見ていくことにしましょう。今、あなたが友達と話をしていて、そろそろ時間だから帰らなければならないという状況だとしましょう。そのとき①I have to go home.／②I must go home.のどちらが適切な表現でしょうか？　一般的には①を使ったほうがいいでしょう。

mustは法助動詞ですので、主語の義務を表し、話し手が**「…に違いないと判断する以外にありえない」**と思っているときに用いられます。そこで、I must go home.としてしまうと、「わたしは何が何でも家に帰らなければならないと強く思っています」、つまり「あなたといるよりも一刻でも早くこの場を去りたい」「あなたとは一緒にいたくない」というようなニュアンスを伝えることになります。ですので、友人との別れ際に使うのはふさわしくないでしょう。

一方、have toは**「外的な要因でやらなければならない状況だ」**ということを伝える表現です。そうすると、帰らなければならないと相手に伝えるときに、I have to go home.とすれば、他に用事があったり、終電の時間が近づいていたりという

Ch.3 The Sea Change

ような外的な要因のために、帰る必要性があると伝えることができますね。実際に、そうした理由があろうがなかろうが、いやな友達かもしれないけれど、とりあえず I have to go (home). と言っておくほうがよいでしょう。

　ちなみに、must の義務、have to の必要性がわかると、must not の「…しないことが義務である」→「禁止」という意味が納得できますね。そして、don't have to は「必要性がない」という意味になるのも理解できると思います。

▌ should と had better の違い ▐

　高校の授業などでも触れられていると思いますが、「…しなければならない」という時には、should と had better のどちらを使うかによって相手に与える印象がまったく異なります。should は shall の過去形です。shall は主語の意思をも超越する神や権威・権力者が決めた義務であるというような**強い束縛感**を表します。そして、この shall を過去形にすることで、神が決めたような強い束縛性がなくなり、助言やアドバイスをするときに使うことができます。ですので、例えば、He suggested that she should go to see a doctor. のように、義務・要求・提案・命令を表す動詞（demand、request、insist、propose、suggest、order など）に後続する that 節の中で should を用いる場合があることも理解できますね。このように、should はちょっと強めのアドバイス系の法助動詞であると理解しておきましょう。

　一方、had better には「…しなければならない、さもないと大変なことになるぞ」というような、**脅し**のようなイメージがあります。You'd better go. と言われたら、そそくさと退散した方がよいでしょう。

▌ 法助動詞を味わってみましょう ▐

　この講義のまとめとして、will や won't が何度も出てくる場面を考えてみましょう。

　"You mean all wrong. I know. It's all wrong. But I'll come back.

I told you I'd come back. I'll come back right away."

"No, you won't."

"I'll come back."

"No, you won't. Not to me."

"You'll see."

"Yes," he said. "That's the hell of it. You probably will."

"Of course I will."

　女性はI'll come back. やI'll come back right away. と言っていますが、will はあくまでも主観的な表現であるため、必ず実行されるとは限りません。しかし、**「それをする意志がある」**ということは伝えています。前もって計画を立てていて、戻ってくることがわかっていればwill は使えません。そういった意味でも、彼女は今、この瞬間、戻ってくると思っていることを言っているに過ぎません。

　かつて、連合国軍最高司令官のダグラス・マッカーサーが日本を去るときに、I shall return. という言葉を残しました。これは、**「どんなことがあっても絶対に日本に戻ってくる、それは天命でもある」**というようなニュアンスでしょう。「必ず戻るつもりだ」という、固い決意を感じさせる言い方です。

　アーノルド・シュワルツェネッガーが演じる多くのキャラクターが、I'll be back. という言葉を一種の決め台詞として用いています。こちらは**「また戻ってくるぞ」**という個人の意思表示といったニュアンスで、I shall ...ほどには「重み」は感じられません。今ではI shall という表現は古めかしい表現だと思われているため、あまり使われませんが、文学作品を読んだりするときはこうした違いはきちんとわかっていた方が理解は深まるはずです。

　再び、先ほどの男女の会話に話を戻しましょう。I'll come back right away. に対して、彼の方はNo, you won't. と答え、**「おまえにはそんなつもりはないんだろう」**と彼女の意志を否定しています。こうした応酬が続いた後、彼女はYou'll see. と言います。それは**「見てらっしゃい、今にわかるから（ちゃんと帰ってくるから）」**という意味になりますね。それに対して、彼はYou probably will. と言

Ch.3 The Sea Change

います。

　ここでprobablyという副詞に着目してみましょう。副詞の中には**話し手の発話態度・心的態度を表わす役割**を備えたものがあります。probablyは自分の発言内容に対して、どれぐらいの確信度があるかということを明らかにする役割を持っています。例えばobviouslyなら100パーセントに近い、possiblyになるとその確信度は下がり、そういった可能性もあるかもしれないという程度になるのです。このprobablyもpossiblyに近く確信度は低いと話し手が考えているときに使われます。彼は彼女の言うことを半信半疑で聞いていながらも、戻ってくる可能性もあり得るだろうと思っています。もしくは、投げやりになって適当に答えているかもしれません。

　なお、彼女が本当に戻ってきたかどうかについては、物語に描かれていません。この後どのような展開があるか考えてみることで、みなさんも物語の余韻に浸ってみてください。

"The Sea Change"の「しっくりこない」世界を読む　作品解説

　これはヘミングウェイの短編小説の中でも特に読むことが難しい作品と言えます。かつてヘミングウェイは自身のエッセイにて、この小説では「ストーリーを除外したが、全てがそこにある。見えはしないが、そこに全てあるのだ」と述べました。物語の筋そのものが不可視化されるこの小説をどのように読み解けるものでしょうか。

　この小説はフィルの「倒錯」という言葉を根拠に、文字通りの「性倒錯の物語」としてこれまで読まれてきました。フィルは、自らのガールフレンドの恋人の女性に嫉妬し「あの女を殺してやる」と述べ、「許せない」と言っておきながらも今度は「戻ってきたらどうだったか何もかも聞かせてくれ」と倒錯的な発言をしています。またフィルがホモセクシュアルに転向したかのように見えたためか、バーにいる他の男たちが彼を避けるように席を空ける場面もあります。そのためにこの小説は、二人の性倒錯性の物語だと考えられてきました。

　しかし、二人の性倒錯性が真正面から描かれるこの小説は、本当に性倒錯の物語なのでしょうか。「見えはしないが、そこに全てある」というヘミングウェイの発言に沿えば、可視化されている性倒錯そのものは物語ではなく、むしろ不可視化された物語の筋を象徴的に支えている根拠でしかないとも考えられます。つまり二人の倒錯的な性的指向性が象徴するように、この物語は、文面そのものが端的に示すところの「どこかしっくりこない」、つかみ所のない世界を映し出した物語と言えます。それ故、小説で描かれる性倒錯そのものが物語なのではなく、性倒錯の「描かれ方」そのものが物語として読みうるような作品と考えられるのではないでしょうか。

　現代においてもフィルと彼女のような広義な意味でのトランスジェンダーの人々が未だほとんど理解されていない中で、1930年代においてそれはさらに理解しがたい性的指向だったはずです。このように考えれば、この小説で描かれているのは、その文面のありようが端的に象徴するような、当時の人々がなかなか理解できなかったその「どこかしっくりこない世界」だとは考えられないでしょうか。

Chapter 4

Hills Like White Elephants

スペイン北部の乗換駅。若いアメリカ人のカップルがバルセロナ発、マドリード行きの特急列車を待っています。ふたりは駅舎のバーで酒を飲んでいますが、ジグと呼ばれる女性と男性の会話はどことなくちぐはぐで、かみ合っていません。男性は女性にある手術を受けてもらいたいと思っているようですが、なかなかうまく説得することができません。次第に彼女のほうもイライラしてきます。その様子が会話で見事に表されていますので、ふたりの心情の変化を会話から読み取ってみてください。また、作品の中に何度も出てくる white elephants「白い象」について、どうして彼女が何度も口に出して言っているのかをぜひ考えてみましょう。

まずは
和訳をチェック

白い象の群れのような山なみ

　エブロ川渓谷の向こうにある山並みは長く、白かった。こちら側には日陰も木もなく、その駅舎は陽ざしの中、二つの線路の合間にあった。駅の側面には、建物の暖かい陰影があり、竹の数珠の繋ぎでできた蠅よけのすだれがバーの入口に架けられていた。アメリカ人とその連れの娘は建物の外の日陰にあるテーブルに座った。とても暑い日だった。そしてバルセロナからの急行は四十分後にはやってくる。急行はこの分岐駅で二分停車後、マドリードに向う。

　「何を飲むべきかしら」と娘は聞いた。彼女が脱いだ帽子がテーブルの上に置かれていた。

　「それにしても暑いね」と男は言った。

　「ビールを飲みましょうよ」

　「ドス・セルベザス」*1 と男はすだれの中に向けていった。

　「大きいものでいいかい」と女性が戸口から伺った。

　「そう、大きいのを二つ」

　バーの女性は二組のビールの入ったグラスとフェルトのコースターを運んできた。彼女は二枚のフェルトのコースターとビール・グラスをテーブルに置き、その男と娘に目をやった。娘は山々の稜線を遠く見つめていた。それらは陽ざしの中で白く、大地は茶色く、乾いていた。

　「あれはまるで白い象の群れのように見えるわね」と彼女は言った。

　「これまで一頭も見たことがないね」、と男はビールを飲んだ。

　「ええ、ないでしょうね」

　「あるかも知れないな」と男は言った。「単に君がそのはずがないと言っても、何も証明しやしないよ」

　彼女は数珠のすだれに目をやった。「そこに何か描かれているのね」と彼女は言った。「それはなんと言ってるのかしら」

　「アニス・デル・トロ *2。飲み物だよ」

　「それ飲んでみない？」

150

男はすだれ越しに「いいですか」と呼びかけた。女性がバーから出てきた。

「四レアレス *3」

「アニス・デル・トロを二つ欲しいのですが」

「水割りで?」

「水で割りたい?」

「わからないわ」と娘は言った。「水で割るとおいしいの?」

「ああ、おいしいよ」

「二つとも水割りで欲しいのかい」とバーの女性は聞いた。

「はい、水割りで」

「これ、リコリス *4 みたいな味がするわ」と娘は言い、グラスを置いた。

「何事もそういうもんだよ」

「そうね」と娘は言った。「何もかも、リコリスの味がするわ。特に貴方がずっと待ちわびてきた何もかもが、アブサンみたいに」

「いい加減にしてくれよ」

「貴方が言い始めたんでしょう」と娘は言った。「愉快な気分だったのに。私は楽しんでいたのよ」

「だったら、頑張って楽しんでみようか」

「いい、私頑張ってみたのよ。あの山並みが白い象の群れのように見えると言ったけど、あれは冴えてたでしょ」

「あれは冴えてたね」

「私はこの新しい飲み物を試してみたかったの。だって、私達がやることってそれだけ、そうでしょう。色々なもの眺めて、新しい飲み物を試すのよね?」

「そんなところかな」

娘は山並みを眺めた。

「素敵な山々ね」と彼女は言った。「あれは本当のところ、白い象の群れみたいには見えないわ。単に木々の隙間から見える皮膚の色合いのことを言っただけよ」

「もう一杯飲もうか?」

「いいわよ」

暖かい風が数珠のすだれをテーブル側になびかせた。

「ビールはよく冷えてるね」

「ええ、美味しいわ」と女性は言った。

「本当のところ、ひどく簡単な手術なんだよ、ジグ」と男は言った。「実際は手術と言えるほどのものではないよ」

娘はテーブルの脚元の地面に目をやった。

「君はそれを気にしないはずさ、ジグ。本当どうってことないんだ。単に空気を入れるだけさ」

娘は何も言わなかった。

「僕も君と一緒に行って、ずっと一緒にいるよ。医者が空気を入れるだけで、その後は全く自然な感じになるんだ」

「だったら、その後私達どうするの」

「その後僕らはうまくやっていける。以前の僕たちのようにね」

「一体何が貴方にそう思わせるのかしら」

「そのことだけが、僕らを煩わせているんだ。僕らを不満にさせたのはそれだけなんだ」

娘は数珠のすだれに目をやり、手を伸ばして二つの数珠の繋ぎを掴んだ。

「それで、貴方は私達がその後まともに楽しくやっていけると思うわけね」

「やっていけると確信してる。怖がる必要はないよ。僕はそれを既にやった人々をたくさん知ってるよ」

「私もよ」と娘は言った。「しかもその後、彼らは皆とても満足してたわ」

「でもね」と男は言い、「もし君がしたくないならしなくてもいいんだ。君がしたくなかったら僕はそうさせないよ。でも、僕はそれが実に簡単なことだって分かってるんだ」

「それで、貴方は本当に私にそうしてもらいたいのね？」

「僕はそれがすべき最善のことだと思う。だけど、もし君が本当は嫌なら、それをして欲しくはないよ」

「じゃあ、もし私がそうすれば貴方は喜ぶし、物事が元通りになって、私を愛してくれるのね」

「今だって僕は君を愛しているよ。君のこと愛していることは分ってるよね」

「ええ、分かってるわ。でも、私がそれをやれば、またうまくいって、何かが白い象の群れみたいに見えるって言っても気に入ってくれるのね」

「ああ、気に入るよ。今だってそれを気に入ってるけど、そのことについてはどうしても考えられないや。心配しだすと僕がどうなるか君は分かってるよね」

「私がそれをしたら、貴方は一切心配しないの？」

「僕はそのことについて心配しないな、だって本当に簡単なことだから」

「だったら、やるわ。だって、私は自分のことどうだっていいの」

「どういう意味だい？」

「私は自分のことが大事じゃないの」

「でも、僕は君のことが大事だよ」

「ああそうでしょうね。でも、私は自分のことが大事じゃないの。だから私はやるし、それで何もかも上手くいくはずね」

「もし君がそんな風に思うなら、僕は君にやって欲しくはないよ」

娘は立ち上がって駅の端まで歩いた。反対側には穀物畑とエブロ川の堤に沿う木々があった。遠く、川の遥か先には、山脈があった。一塊の雲影が穀物畑の上を横切ると彼女は木々の隙間から川を見た。

「そして私達はこの全てを手に入れられるのね」と彼女は言った。「しかも私達は何もかも手に入れることができるのに、日々私達はそれをさらに困難にしてしまっているんだわ」

「何と言ったの？」

「私達は何もかも手に入れられるかもしれないのにって言ったのよ」

「何もかも手に入れられるさ」

「いいえ、できないわ」

「僕たちはこの世界をまるごと手に入れられるのさ」

「いいえ、できないわ」

「僕たちはどこでも行けるのさ」

「いいえ、できないわね。それはもう私達のものじゃないのよ」

「僕たちのもんだよ」

「いいえ、それは私達のものではないわ。しかも一度奪われると、それは二度と取り戻せないのよ」

「だけどそれは奪われてないよ」

「そのうちわかることだわ」

「日陰に戻っておいで」と彼は言った。「そんな風に思ってちゃだめだよ」

「どんな風にも思っちゃいないわ」と彼女は言った。「私にはそうだってわかるの」

「僕は君がやりたくないことは何一つやって欲しくないんだ」

「私にとっては良くないこともね」と彼女は言った。「私、分かってるの。ビールもう一杯頼んでもいいかしら？」

「わかったよ。でも、君にわかってほしいのは…」

「わかってるわ」と娘は言った。「お互いに黙ってみない？」

彼らはテーブルに座り、娘が渓谷の乾燥した側の山並みの方を見渡してから、男は彼女とテーブルに目をやった。

「君に分かって欲しいことは」と彼は言い「君がやりたくないなら僕はそれをやって欲しくはないってこと。君にとってそれが何らかの意味をもつなら、僕はそれをちゃんと受け止めるつもりだよ」

「それは貴方にとって何の意味もないの？私達、仲良くやっていけるかもしれないのよ」

「もちろん意味はあるさ。だけど僕は君以外の誰も欲しくないんだ。僕は他の誰も求めてない。それに、あれがひどく簡単だってことも僕は知ってる」

「ええ、それがひどく簡単だってこと、貴方は分かってるのよね」

「そう言うのは勝手だけど、僕はそのことをよく分かってるんだ」

「私のためにちょっとしたことをやってもらってもいいかしら？」

Ch.4 Hills Like White Elephants

「君のためなら何でもやるさ」

「どうか、お願い、お願い、お願い、お願い、お願い、お願い、お願い、だから話すのを止めてくれる?」

彼は何も言わなかったが、駅舎の壁に立てかけた自分たちの鞄に目をやった。それらには、二人が宿泊した全てのホテルのラベルが貼られていた。

「でも僕は君にして欲しくない」、と彼は言い、「僕はそれに関して何とも思ってやしないんだ」

「叫ぶわよ」と娘は言った。

バーの女性が二つのビールのグラスを持ってすだれの間から出てくると、二枚の湿ったフェルトのコースターの上に置いた。「列車はあと五分で到着するよ」と彼女は言った。

「彼女は何と言ったの?」と娘が聞いた。

「列車が後五分で到着するんだってさ」

娘はその女性に感謝するため明るく微笑みかけた。

「駅の向こう側に鞄を移動させた方がよさそうだ」と男は言った。彼女は彼に微笑んだ。

「そうね。じゃあ戻ってきたら残りのビール飲んじゃいましょうよ」

彼は二つの重い鞄を拾い上げ、それを持って駅舎を周り、反対側の線路に向かった。彼は線路の先を見つめたが列車は見えなかった。戻る途中、彼はバーを通り抜けた。そこでは列車を待つ人々が飲んでいた。彼はバーでアニスを飲み、そこにいる人々に目をやった。彼らは皆、弁えて、列車を待っていた。彼は数珠のすだれを通り抜けて外に出た。彼女はテーブルに座わっており、彼に微笑みかけた。

「気分はましになったかい?」と彼は聞いた。

「爽快よ」と彼女は言った。「私はなんともないわよ。爽快よ」

*1 スペイン語で「ビールを二つください」 *2 アニスは東地中海に植生するハーブ。アニス・デル・トロは、その葉と種を蒸留して作られるアルコール度の高い甘味のリキュール。消化を促す食後酒。 *3 スペインの通貨。 *4 スペインの甘草。お菓子に使用される。

文法に注意して
読みましょう

Hills Like White Elephants

The hills across the valley of the Ebro were long and white. On this side there was no shade and no trees and the station was between two lines of rails in the sun. Close against the side of the station there was the warm shadow of the building and a curtain, made of strings of bamboo beads, hung across the open door into the bar, to keep out flies. The American and the girl with him sat at a table in the shade, outside the building. It was very hot and ①the express from Barcelona would come in forty minutes. It stopped at this junction for two minutes and went on to Madrid.

"What should we drink?" the girl asked. ②She had taken off her hat and put it on the table.

"It's pretty hot," the man said.

"Let's drink beer."

"*Dos cervezas*," the man said into the curtain.

③"Big ones?" a woman asked from the doorway.

"Yes. Two big ones."

The woman brought two glasses of beer and two felt pads. She put the felt pads and the beer glasses on the table and looked at the man and the girl. ④The girl was looking off at the line of hills. They were white in the sun and the country was brown and dry.

●"They look like white elephants," she said.

"I've never seen one," the man drank his beer.

"No, you wouldn't have."

"I might have," the man said. "⑤Just because you say I wouldn't

Grammar Points   Ch.4 Hills Like White Elephants

ここに気をつけて読もう

① このwouldは、どのような用法でしょうか？

... the express from Barcelona would come in forty minutes.

② なぜ過去完了が使われているのでしょうか？

She had taken off her hat and put it on the table.

③ onesは何を指していますか？

"Big ones?" a woman asked from the doorway.

④ offはどのような意味を表していますか？

The girl was looking off at the line of hills.

解釈のポイント ❶ → p.182

タイトルにも入っている **white elephant (s)** とは、何を象徴しているのでしょうか。

They look like white elephants.

⑤ この文の主語はどこまででしょうか？

Just because you say I wouldn't have doesn't prove anything.

N O T E S

L.001 the Ebro ▶エブロ川

イベリア半島北東部を流れる、半島内では二番目に長い河川。

L.014 *Dos cervezas.*

スペイン語で、dos はtwo、cervezas はbeers の意味。

L.018 felt pad ▶フェルトのコースター

L.020 country

いろいろな意味がある語ですが、ここでは「国」「田舎」ではなく、「土地」。

157

have doesn't prove anything."

The girl looked at the bead curtain. "They've painted something on it," she said. "What does it say?"

"Anis del Toro. It's a drink."

"Could we try it?"

The man called "Listen" through the curtain. The woman came out from the bar.

"Four reales."

"We want two Anis del Toro."

"With water?"

"Do you want it with water?"

"I don't know," the girl said. "Is it good with water?"

"It's all right."

"You want them with water?" asked the woman.

"Yes, with water."

"It tastes like licorice," the girl said and put the glass down.

"⑥That's the way with everything."

"Yes," said the girl. "Everything tastes of licorice. Especially all the things you've waited so long for, like absinthe."

"Oh, cut it out."

"You started it," the girl said. "⑦I was being amused. I was having a fine time."

"Well, let's try and have a fine time."

"All right. I was trying. I said the mountains looked like white elephants. Wasn't that bright?"

"⑧That was bright."

Ch.4 Hills Like White Elephants

Grammar Points　　　　　　　　　　　　ここに気をつけて読もう

⑥ 主語のThatは何を指していますか？

　That's the way with everything.

⑦ be動詞は「状態動詞」なので、通例進行形にはしませんが、I was being amused.は「状態動詞の進行形」になっています。どのようなニュアンスが込められているか、わかりますか？

　I was being amused.

⑧ どの単語を強く読むのが自然でしょうか？

　That was bright.

. . . .
N O T E S
. . . .

L.028　**Anis del Toro**　▶アニス・デル・トロ

「牡牛のアニス酒」という名前のリキュール。ラベルや看板などにも牡牛が描かれています。

L.032　**real（es）**

「レアル」。1864年までスペインで使われていた通貨の単位。

L.034　**with water**

「水と一緒に」、つまり「水で割って」「水割りで」。

L.040　**licorice** [líkəriʃ]　▶**甘草、リコリス**

L.043　**absinthe** [ǽbsinθ]　▶**（お酒の）アブサン、（植物の）ニガヨモギ**

アルコール度数は40〜80度で、向精神作用があり、20世紀のはじめにはアメリカやドイツなどで製造が禁じられました。しかし、スペインではアブサンは合法でしたので、この作品でもアブサンを飲む場面が出てきます。

159

"I wanted to try this new drink. That's all we do, isn't it — look at things and try new drinks?"

"I guess so."

The girl looked across at the hills.

"They're lovely hills," she said. "They don't really look like white elephants. I just meant the coloring of their skin through the trees."

"Should we have another drink?"

"All right."

The warm wind blew the bead curtain against the table.

"⑨The beer's nice and cool," the man said.

"It's lovely," the girl said.

"It's really an awfully simple operation, Jig," the man said. "It's not really an operation at all."

The girl looked at the ground the table legs rested on.

"I know you wouldn't mind it, Jig. It's really not anything. It's just to let the air in."

The girl did not say anything.

"I'll go with you and I'll stay with you all the time. They just let the air in and then it's all perfectly natural."

"Then what will we do afterward?"

"We'll be fine afterward. Just like we were before."

"⑩What makes you think so?"

"That's the only thing that bothers us. It's the only thing that's made us unhappy."

The girl looked at the bead curtain, put her hand out and took

Ch.4 Hills Like White Elephants

Grammar Points　　　　　　　　　ここ に 気 を つ け て 読 も う

⑨ この文は、どう訳すのがいいでしょうか？

The beer's nice and cool.

⑩ you を主語にした、ほぼ同じ意味の文に書き換えてみましょう。

What makes you think so?

NOTES

- **L.055** lovely ▶ すてきな、すばらしい
- **L.064** operation ▶ 手術
- **L.071** afterward ▶ その後は
- **L.076** take hold of ... ▶ …をつかむ

hold of two of the strings of beads.

"And you think then we'll be all right and be happy."

"I know we will. You don't have to be afraid. I've known lots of people that have done it."

"So have I," said the girl. "And afterward they were all so happy."

"Well," the man said, "if you don't want to you don't have to. I wouldn't have you do it if you didn't want to. But I know it's perfectly simple."

"And you really want to?"

"I think it's the best thing to do. But I don't want you to do it if you don't really want to."

"And if I do it you'll be happy and things will be like they were and you'll love me?"

"⑪I love you now. You know I love you."

"I know. But if I do it, then it will be nice again if I say things are like white elephants, and you'll like it?"

"I'll love it. I love it now but I just can't think about it. ⑫You know how I get when I worry."

"If I do it you won't ever worry?"

⑬"I won't worry about that because it's perfectly simple."

"Then I'll do it. Because I don't care about me."

"What do you mean?"

"I don't care about me."

"Well, I care about you."

"Oh, yes. But I don't care about me. And I'll do it and then

Ch.4 Hills Like White Elephants

Grammar Points　　　　　　　　　　　　ここ に 気 を つ け て 読 も う

⑪ このnowという言葉には、どのような気持ちが込められていますか？

I love you <u>now</u>.

⑫ このgetはどのような意味ですか？

You know how I <u>get</u> when I worry.

⑬ not worryとnot careの違いを説明してください。

"I won<u>'t worry</u> about that because it's perfectly simple."

"Then I'll do it. Because I do<u>n't care</u> about me.

N O T E S

L.089　**things will be like they were**

things は「物事」「状況」。「昔と同じようになる」「以前と変わらない状態に戻る」ということ。

L.098　**care about ...**　▶ …のことを大切に思う

否定形にすると、「…のことなんてどうだっていい」というニュアンスになります。

163

everything will be fine."

"I don't want you to do it if you feel that way."

The girl stood up and walked to the end of the station. ❷Across, on the other side, were fields of grain and trees along the banks of the Ebro. Far away, beyond the river, were mountains. The shadow of a cloud moved across the field of grain and she saw the river through the trees.

⑭"And we could have all this," she said. "And we could have everything and every day we make it more impossible."

"What did you say?"

"I said we could have everything."

"We can have everything."

"No, we can't."

"We can have the whole world."

"No, we can't."

"We can go everywhere."

"No, we can't. It isn't ours any more."

"It's ours."

"No, it isn't. And once they take it away, you never get it back."

"But they haven't taken it away."

"We'll wait and see."

"Come on back in the shade," he said. "You mustn't feel that way."

"I don't feel any way," the girl said. "I just know things."

"I don't want you to do anything that you don't want to do —"

Ch.4 Hills Like White Elephants

Grammar Points　　　　　　　　　　　　こ こ に 気 を つ け て 読 も う

解釈のポイント ❷ → p.182

on the other side「反対側」「向こう側」とはどのような風景で、それは何を象徴
していると思いますか？

Across, <u>on the other side</u>, were fields of grain and trees along the
banks of the Ebro.

⑭ それぞれの and はどのようなニュアンスでしょうか？

"<u>And</u> we could have all this," she said. "<u>And</u> we could have
everything <u>and</u> every day we make it more impossible."

N O T E S

L.105 end ▶端

L.108 field of grain ▶穀物畑

L.119 not ... any more ▶これ以上…でない

L.124 wait and see ▶待ってみる

話し言葉では、Just wait and see.（ちょっと様子を見てみよう）などの表現が使われます。

"⑮Nor that isn't good for me," she said. "I know. Could we have another beer?"

"All right. But you've got to realize—"

"I realize," the girl said. "Can't we maybe stop talking?"

They sat down at the table and the girl looked across at the hills on the dry side of the valley and the man looked at her and at the table.

"You've got to realize," he said, "that I don't want you to do it if you don't want to. I'm perfectly willing to go through with it if it means anything to you."

"Doesn't it mean anything to you? ⑯We could get along."

"Of course it does. ⑰But I don't want anybody but you. I don't want anyone else. And I know it's perfectly simple."

"Yes, you know it's perfectly simple."

"It's all right for you to say that, but I do know it."

"Would you do something for me now?"

"I'd do anything for you."

"Would you please please please please please please please stop talking?"

He did not say anything but looked at the bags against the wall of the station. There were labels on them from all the hotels where they had spent nights.

"But I don't want you to," he said, "I don't care anything about it."

"I'll scream," the girl said.

⑱The woman came out through the curtains with two glasses

166

Ch.4 Hills Like White Elephants

Grammar Points　　　　　　　　　　　ここ に 気 を つ け て 読 も う

⑮ 省略された語を補ってみましょう。

Nor that isn't good for me.

⑯ この could は、どのような用法でしょうか。

We <u>could</u> get along.

⑰ この but が表す意味は？

But I don't want anybody <u>but</u> you.

⑱ なぜ「濡れた（damp）フェルトのコースター」が描写されているのでしょうか。

The woman came out through the curtains with two glasses of beer and put them down on <u>the damp felt pads</u>.

N O T E S

L.137　be willing to do　▶ …する意思がある

L.153　scream　▶ 叫ぶ

shout とは異なり、「感情的な高ぶりのために、ヒステリックな叫び声を出す」というニュアンスです。

of beer and put them down on the damp felt pads. "The train comes in five minutes," she said.

"What did she say?" asked the girl.

"That the train is coming in five minutes."

The girl smiled brightly at the woman, to thank her.

"I'd better take the bags over to the other side of the station," the man said. She smiled at him.

"All right. Then come back and we'll finish the beer."

He picked up the two heavy bags and carried them around the station to the other tracks. He looked up the tracks but could not see the train. Coming back, he walked through the barroom, where people waiting for the train were drinking. ❸He drank an Anis at the bar and looked at the people. They were all waiting reasonably for the train. He went out through the bead curtain. She was sitting at the table and smiled at him.

"Do you feel better?" he asked.

"I feel fine," she said. "There's nothing wrong with me. I feel fine."

Ch.4 Hills Like White Elephants

Grammar Points　　　　　　　　　　　ここ に 気 を つ け て 読 も う

解釈のポイント ❸　→ *p.183*

なぜ、男性は女性のところに戻る前に、「アニス酒を一杯引っ掛けた」のでしょうか。

He drank an Anis at the bar and looked at the people.

- -
N O T E S
- -

L.155　damp　▶湿った、じっとりとした

「不快な湿り気」を表すときによく使う形容詞です。

L.159　brightly　▶明るく、晴れやかに

L.160　had better

主語が二人称のときは、目上の人に対して使うのは避けるべき表現です。なお、I'd better は「自分がやらなければ、まずいことになる」→「…しなきゃならない」「…したほうがいいな」という意味でよく使います。

L.164　look up the tracks　▶線路の先を見る

L.168　reasonably　▶分別をわきまえて

reasonable は「理性的な」ということなので、「理性的でない行動をとらずに」、つまり「おとなしく」「じっと」「文句や不平を言わずに」というニュアンスです。

169

「ここに気をつけて読もう」の解説

Commentaries on Grammar Points

→ p.157

① このwouldは、どのような用法でしょうか。

... the express from Barcelona <u>would</u> come in forty minutes.

▶ ▶ ▶ 「物語上の現在」を示す「過去形」です。

解説 wouldを見ると、条件反射的に、仮定法や「昔は…したものだった」という意味を表す「過去の回想・習慣」を思い浮かべてしまうかもしれません。しかし、このwouldはそのどちらでもありません。**物語の中での過去形は「物語上の現在」を示しています**ので、このwouldは、実際にはwillの働きをしています。つまり、... the express will come in forty minutes. ということになります。

助動詞のwillの主な用法には**「意志」「推量」「傾向・習慣」**があります。「傾向・習慣」はAccidents will happen.（事故は起こるものだ）やBoys will be boys.（男の子って男の子だよ［やんちゃなのはしょうがないねえ］）という場合に使われるものです。ここでは「急行列車」が主語ですので、「意志」ではなく「推量」すなわち、「列車が来ることになっている」「列車が来るだろう」という意味になります。

in forty munitiesという表現もあわせて確認しておきましょう。この急行列車は**「40分以内に来る」**のでしょうか（つまり、15分後に来る可能性もある）。それとも**「40分後にやってくる」**（つまり、40分ほどすればやってくる）のでしょうか。

前置詞のinは「ある空間の中」を意味しますが、時間の長さを表す表現を伴うと、「期間の終点」を表すことができます。たとえば「（レポートなどを）10日で仕上げた」という場合は、in ten daysとなります。また、未来志向の表現を伴う

Ch.4 Hills Like White Elephants

と、「…の後に」という意味になります。

　ここでは未来志向の will（would）が用いられているので、「40分以内に」ではなく「40分後に」という意味に解釈しなければなりません。

→ *p.157*

② なぜ過去完了が使われているのでしょうか？

She had taken off her hat and put it on the table.

▶ ▶ ▶ 「情景描写」を差し込むため。

解説 この部分を、「『何を飲もうかしら？』と彼女は尋ね、帽子をテーブルに置いた」という読みをされた方は、あと一歩でした。had taken off という「過去完了」が使われているのですから、時系列で整理すると、〈**帽子を脱ぐ→テーブルに置く → 「何を飲む？」と聞く**〉ということになります。なぜ、このように「あえて」時系列を逆にして書かれているのかについて考えておくことにしましょう。

　以下の二つの文章を比較してみてください。

1 彼女は帽子を脱ぎ、テーブルに置いた。「何を飲む？」と若い女は聞いた。「ちょっと暑いな」と男が言った。「じゃあ、ビールにしよう」

2 「何を飲む？」と若い女は聞いた。テーブルの上には彼女の脱いだ帽子が置かれていた。「ちょっと暑いな」と男が言った。「じゃあ、ビールにしよう」

　どうでしょうか？ **1** を英語に直すと、The girl took off her hat and put it on the table. "What should we drink?" she asked. のようになります。過去完了を使わず、一貫して過去形で書かれているため、男女の会話がスムーズに流れていく感覚がありませんか？ これに対して **2** は、過去完了を用いた情景描写が途中に入っているため、会話のスピードが遅くなっているように感じられると思います。こうすることで、二人がすれ違っているという印象を与えるように描写されてい

171

るのです。ヘミングウェイが、**形容詞や副詞を使った「語い的描写」**に安直に頼らず、文法的なアレンジによって巧みな描写を行っていることが読み取れますね。

→ p.157

③ ones は何を指していますか？

"Big <u>ones</u>?" a woman asked from the doorway.

▶ ▶ ▶ 「ビール」です。

解説 つまり、Big ones? は Big beers? と同じということになります。beers という表記に違和感を覚えた人がいらっしゃるはずです。たしかに、beer のような名詞は「数えられない」ので、a glass of beer「一杯のビール」やtwo cups of coffee「二杯のコーヒー」のような表現を用いて「数」を示します。しかし、メニューを見て注文するようなときには、two beers / three coffees などと言った具合に、「**数えられる名詞**」として扱われることがあるので覚えておきましょう。

→ p.157

④ off はどのような意味を表していますか？

The girl was looking <u>off</u> at the line of hills.

▶ ▶ ▶ 「離れて」という意味を表しています。

解説 off を省略した The girl was looking at the line of hills. という文でも意味は通じますので、この off は副詞だと判断できます。「**離れて**」という意味で、全体としては「**遠く離れた山並みを見ていた**」のような意味を表しています。

→ p.157

⑤ この文の主語はどこまででしょうか？

Just because you say I wouldn't have doesn't prove anything.

▶ ▶ ▶ **Just because you say I wouldn't have** までが主語です。

解説 この文はdoesn't proveが動詞、anythingがproveの目的語になっています。そして、主語はJust because you say I wouldn't haveです。通常、because節は「…だから」という意味を表し、文中では副詞節の役割を果たします。しかし、話し言葉では、このように名詞節として、文の主語になることがあります。「**『僕が見たことがないだろう』と君が言うだけでは、何も証明しない（なんの証明にもならない）**」のように、前から素直に捉えていけば、意味はそれほど取りにくくないと思います。

なお、because節が主語になるパターンでは、ほとんどの場合、この例のように前にjustが置かれます。この文はproveを使って「…だからというだけでは、〜の証明にはならない」という意味を表していましたが、「just because構文」で使われるその他の動詞としてmeanも覚えておきましょう。こちらはJust because ... doesn't mean 〜 . という形で、「**…だからといって、必ずしも〜ということにはならない**」「**まだ…というだけで、〜と決まったわけではない**」という意味を表します。

....

例 Just because he says so doesn't mean it's true.
（単に彼がそう言っているだけで、まだそれが本当だと決まったわけではない）

→ p.159

⑥ 主語のThatは何を指していますか？

That's the way with everything.

▶ ▶ ▶ 「リコリスみたいな味がすること」という内容を指しています。

173

解説 この that は、女性の It tastes like licorice.（リコリスみたいな味がする）
という発言を指しています。「美味しいかと思ったら、リコリスみたいな
変わった味がした。世の中、あらゆることが、そんなもんだよ」と言った内容に
なっています。

　この That's the way with everything.（世の中、そんなもんさ）のように、
That's ... という表現は、**「世の中を達観している」ような響き**を伴うことがよく
あります。

....

例 <u>That's</u> the way of the world.（世の中とは、そういうものだよ）
　*way of the world は「世の常、慣例」のようなニュアンスです。

....

例 <u>That's</u> the way it goes.（そんなもんだよ）
　*「なるようにしかならないよ」といったニュアンスで、「あきらめるしかないよ」「そのまま受
け入れるしかないよ」のように、相手を諭すときのひとことです。

....

例 <u>That's</u> how the cookie crumbles.（人生、そんなもんさ）
　*「クッキーっていうのは、割れてしまうものだ。同じように、物事は、そううまくいかないん
だよ」のような響きの警句です。

→ p.159

⑦ be動詞は「状態動詞」なので、通例進行形にはしませんが、I was being
amused. は「状態動詞の進行形」になっています。どのようなニュアンスが込
められているか、わかりますか？

I was being amused.

▶ ▶ ▶ **「いつもは違う」というニュアンスが込められています。**

解説 例えば She is kind. は「彼女は親切だ」という意味で、その人物の恒常
的な性質を描写する文です。では、She is (just) being kind today. はどう
でしょう？こちらは、「彼女は今日、一時的に親切にしている」、つまり「普段は親
切ではないのに、今日はいつになく親切に振る舞っている」というニュアンスで

Ch.4 Hills Like White Elephants

す。このように、状態動詞の進行形が「**一時性**」を表すことがあります。

　ここでも単に「楽しんでいた」ではなく、「**いつになく楽しい気分だった**」「**いつもはつまらない気分なのに、今日はめずらしく楽しんでいた**」などのように、「今だけ」「いつもはそうではない」という思いを読み取る必要があります。

→ p.159

⑧ どの単語を強く読むのが自然でしょうか？

That was bright.

▶ ▶ ▶ **was** です。

解説　Wasn't that bright?（それって、冴えていたと思わない？）という否定疑問文に対して、「ああ、確かにそうだったね」と答えているので、was が強く読まれます。なお、すぐ上にI was trying. という文がありますが、これも同様にwasを強く読むのが自然です。wasを強調することで、「**確かに**」「**間違いなく**」といったニュアンスを込めることができます。

→ p.161

⑨ この文は、どう訳すのがいいでしょうか？

The beer's nice and cool.

▶ ▶ ▶ 「**ビールはよく冷えている**」。

解説　niceには「美味しい」という意味もありますので、この文は「ビールは美味しいし、冷えている」という意味にとれないこともありません。しかし、二人の間に微妙な空気が流れている今、わざわざ「ビールが美味しい」なんていう呑気なことを言うでしょうか？

　実は、nice and ...は「**よく**」「**いい具合に（=nicely）**」という意味の、副詞的に使われることがある表現なのです。この意味の場合、andは弱く発音され、nice and coolは［ナイスンクーゥ］のような音になります。

175

他にも例を見ておきましょう。

....

例　It's nice and warm today.（今日はちょうどいい暖かさだね）

*［ナイス　アンド　ウォーム］のように、andをはっきり発音すると、「今日はいい天気だし、暖かい」という意味になります。

....

例　She was nice and drunk at the party.（彼女はパーティで泥酔していた）

*このnice and ...はdrunkを強調する言葉として用いられています。

....

例　We'd better get this done nice and quick.

（これはさっさと片付けたほうがいい）

*nice and quickで「さっさと」という意味を表します。

→ p.161

⑩ youを主語にした、ほぼ同じ意味の文に書き換えてみましょう。

What makes you think so?

▶ ▶ ▶ **Why do you think so?**

解説　makeは「…に~させる」という意味の使役動詞ですから、What makes you think so?は「何があなたに、そのように思わせるのですか?」と直訳できます。「そのように思わせる原因・理由」、すなわち「もの・こと」を主語にした「**無生物主語**」になっていることに注意しましょう。

What makes you think so?は「原因・理由」を尋ねる表現ですので、「なぜ…?」という意味のWhy ...?を使って、Why do you think so?と言い換えることが可能です。

ただし、両者のニュアンスの違いには注意が必要です。Why do you think so?は、単に好奇心から「どうしてそう思うの?」と尋ねる表現です。これに対して**What makes you think so?**は、やや「かしこまった」響きがあります。こちら

176

Ch.4 Hills Like White Elephants

は「何か事情があるに違いない」と勘ぐっている場合、あるいは反語的に「その考えは間違っている」と伝える場合などに用いられる傾向があります。

→ p.163

⑪ このnowという言葉には、どのような気持ちが込められていますか？

I love you <u>now</u>.

▶ ▶ ▶ 「こんな状況だって」「今だって」のようなニュアンスが感じられます。

解 説 「私は今、君を愛している」では、まったく伝わりません。「今」がどんな状況なのか推測してみましょう。このnowには「今だって」「こんな状況だって」のようなニュアンスが込められています。

→ p.163

⑫ このgetはどのような意味ですか？

You know how I <u>get</u> when I worry.

▶ ▶ ▶ 「…になる」という意味です。

解 説 おそらく未知の単語は1つもないと思いますが、その意味を正しく把握できたでしょうか。You know ...「君は…を知っている」の後に、how I get when I worryと続いています。つまり、how I get when I worryが、他動詞knowの目的語になっています。

how I getのgetは「**…になる**」という意味なので、how I getは「私がどうなるか」という意味になります。when I worryがあるので、「心配すると僕がどうなるか、君は知っている」、つまり「**悩みごとがあると僕がどうなってしまうか、君だって知ってるだろ？**」という意味になります。

177

→ p.163

⑬ not worry と not care の違いを説明してください。

"I won't worry about that because it's perfectly simple."
"Then I'll do it. Because I don't care about me.

▶▶▶ **not worry** は「心配しない」、**not care** は「どうでもいい」というニュアンスです。

　男性の worry about ... という表現が、女性の発言では care about ... に変わっていることに注目しましょう。どちらも否定形になっていますね（won't worry about ... / don't care about ...）。

worry about ... は「…に対して強い不安（anxiety）を持っている」という意味を表します。一方、care about ... は「…に対して強い愛情（affection）を持っている」という意味です。そのため、女性の I don't care about me. は、「自分に対して愛情をまったく持っていない」、つまり「**自分のことなんてどうでもいい**」という投げやりな気持ちの表明なのです。

どちらも「心配する」という訳語が充てられますが、「彼のことは心配していません」というつもりで I don't care about him. などと言ってしまうと、「彼なんてどうでもいいよ」という正反対の意味になってしまいますから注意してください。

→ p.165

⑭ それぞれの and はどのようなニュアンスでしょうか？

"And we could have all this," she said. "And we could have everything and every day we make it more impossible."

▶▶▶ 二箇所ある **And we could have ...** の **and** は「そうすれば」、**... and every day ...** の **and** は「それなのに」というニュアンスです。

　Hurry up, and you'll be in time for school.（急ぎなさい、そうすれば始業に間に合うから）のように、and には「**そうすれば**」と、「条件」を示

す用法があります。And we could ... の冒頭のAndは、どちらもこの用法である
と考えられます。どのような「条件」かはわかりますよね? そうです、女性は
「中絶すれば」という意味をandに込めているのです。

And we could have all this. を言葉を補って書き換えれば、If I did it, we could
have all this.（もし私がそれをすれば、私たちは、これらすべてを手に入れられる
のね）となります。この could は仮定法です。

... and every day ...のandは、前の二つとはまったく異なる用法です。例えば
They tried their best, and the project ended up in a total failure. という文が
あったとします。みなさんだったら、どんな訳をつけますか? 前半は「彼らはベ
ストを尽くした」、後半は「プロジェクトは完全な失敗に終わった」という内容に
なっていますね。どう考えても「**逆接**」でつなげるべきなのに、and「そして」
では、意味がつながらなそうです。

つまり、andには「逆接」の意味もあります。ここでは、「それなのに」という
意味を表していますね。... and every day we make it more impossible. の and
もまったく同様です。仮定法の could のニュアンスを活かせば、「そういったもの
すべてを、手に入れようと思えば手に入られるかもしれない。それなのに、私た
ちは、日々それを不可能にしてしまっているんだわ」となります。every day we
make it more impossible は、「そこから一日ごとに遠ざかってしまっているんだ
わ」などと訳してもいいでしょうね。

→ p.167

⑮ 省略された語を補ってみましょう。

Nor that isn't good for me.

▶ ▶ ▶ **[I don't want you to do anything that you don't want to do,]
nor [do I want you to do anything] that isn't good for you.** と
なります。

> **解説** 男性の I don't want you to do anything that you don't want to do—（僕は、君がやりたくないことは、何ひとつやってほしいとは思わない…）という発言に被せる形で、Nor that isn't good for me. と続けています。

norは接続詞で、否定の文の後で**「…もまた〜ない」**という意味を表します。このパターンのnorの後では主語と動詞の倒置が起こるので、女性の発言は、I don't want you to do anything that you don't want to do, nor do I want you to do anything that isn't good for you. を省略したものということになります（発言者が入れ替わっているので、最後の you が me に変わっていることに注意）。

少々長いですが、「僕は君がやりたくないことは、何ひとつやってほしいとは思わないし、君にとってよくないことも何ひとつやってほしいとは思わない」ということになります。

要するに、女性は、「はいはい、わかってるわよ。私がやりたくないことは私にやってほしくないし、私にとってよくないことは私にやってほしくない。こう言いたいんでしょ?」と言っているわけです。

→ p.167

⑯ この could は、どのような用法でしょうか。

We <u>could</u> get along.

▶ ▶ ▶ **仮定法です。**

> **解説** この We could get along. は、「私たちはうまくやっていくことができた」ではありません。couldは仮定法ですので、「そのような場合でも、私はうまくやっていけるのに」「たとえそうなっても、私たちはうまくやれるのに」のように解釈しなければなりません。

「どのような場合」の話をしているかはもうおわかりですね? これまでの話の流れからして、**「たとえ中絶しなかったとしても」**あるいは**「もし子供が生まれたとしても」**のような意味だと判断できるはずです。

180

Ch.4 Hills Like White Elephants

→ p.167

⑰ この but が表す意味は？

But I don't want anybody <u>but</u> you.

▶ ▶ ▶ 「…以外は」という意味です。

解説 この but は「…以外は」という意味の前置詞です。この文は「僕は、君以外の誰も欲しくない」「他に誰もいらない」という内容になっています。直後の、I don't want anyone else. も、ほぼ同じ意味です。「君だけいればいい」「君以外に人が増えてほしくない」ということですから、端的に言ってしまえば「子供はいらないんだ」「堕ろしてくれ」ということですね。

→ p.167

⑱ なぜ「濡れた（damp）フェルトのコースター」が描写されているのでしょうか。

The woman came out through the curtains with two glasses of beer and put them down on <u>the damp felt pads</u>.

▶ ▶ ▶ 「時間の経過を示すため」と考えられます。

解説 物語の冒頭で、the express from Barcelona would come in forty minutes 「バルセロナからの列車が40分後にやってくる」という描写があったことを思い出してください。そして、この時点でウエイトレスが The train comes in five minutes.（列車はあと5分で来ます）と告げています。つまり、この時点で、**すでに30分もの時間が経っている**わけです。そのことを、「冷たい飲み物を載せたコースターがびしょ濡れになってしまった」という描写によって示しているのです。

解釈のポイント ・・・・・・・・・・・・・・・・・・・・・・・・・・・ Beneath the surface

❶タイトルにも入っているwhite elephant(s)とは、何を象徴しているのでしょうか。

They look like <u>white elephants</u>.

→ 白く雪をいただいた山脈を形容する表現として用いられていますが、実はwhite elephant(s)には、ある意外な意味があります。

　昔のタイでは、white elephant「白い象」は珍しいため、神聖な動物と見なされていました。そのため、白い象が捕まると、王様に献上されていました。ところが、エサ代が高くつくという問題があったのです。そこで王様は、気に入らない家来に白い象を与えました。家来はそれを使うことも、乗ることも、処分することも許されず、ただエサ代がかさむばかりで破産に追い込まれた、という逸話があります。ここから、white elephantは「**使い道がないのに維持費が高くつく、厄介物・持て余し物**」「**無用の産物（長物）**」という意味の慣用句として使われています。

　ストーリーを追っていくと、このカップルはある「厄介なもの」を抱えているということがわかってきます。それは、女性のお腹の中にいる「胎児」のこと。そう、実は女性は妊娠しているのです。

❷**on the other side「反対側」「向こう側」とはどのような風景で、それは何を象徴していると思いますか?**

Across, <u>on the other side</u>, were fields of grain and trees along the banks of the Ebro.

→「あちら側」には、ここで説明されているように、fields of grain「穀物畑」が広がり、trees along the banks of the Ebro「エブロ河岸に沿って立ち並ぶ木々」があります。その一方で、「こちら側」は、最初に見たように、乾ききった、いわ

Ch.4 Hills Like White Elephants

ば「不毛」の土地です。

「不毛」とは、つまり「子供を作らない」こと。「こちら側」は、今まで二人が過ごしてきた、「欲望と怠惰の日々」を指していると言えましょう。これに対して、「あちら側」は、穀物畑に象徴されるように「生命」に満ちあふれた世界、つまり「子供を作って一緒に暮らすこと」を象徴していると考えることができます。

風景描写から登場人物の心理を考えるときには、もちろん「正解」なんてありません。みなさんも、自由な発想で、自分なりの解釈を楽しんでみてください。

❸ **なぜ、男性は女性のところに戻る前に、「アニス酒を一杯引っ掛けた」のでしょうか。**

He drank an <u>Anis</u> at the bar and looked at the people.

→ 荷物を運び終えた男性は、女性のところにまっすぐ戻るのではなく、バーに立ち寄って、きついアニス酒をぐいっとやり、そこにいる人たちのことを観察します。reasonably は「行儀よく」「文句を言わずに」というニュアンスの副詞。「いろんな人がいて、人それぞれの人生があり、でも、みんなそれを受け入れている。自分の人生も、これでいいんだ」なんて思いながら、一杯引っ掛けたのかもしれません。そうやって「覚悟を決めて」から、彼女のところに戻ったのでしょう。

183

ワンポイント文法講義 ④
Mini-lecture

冠詞、代名詞に注意して読んでみよう

まずは物語冒頭の、場面設定の描写方法について考えてみましょう。

定冠詞 the によって「読者を引き込む」

冒頭の一文に注目してみましょう。

> The hills across the valley of the Ebro were long and white.

この文には、the hills、the valley、the Ebroのように〈定冠詞the+名詞〉が用いられています。まずは、この定冠詞の用法について考えてみましょう。一般的に〈the+名詞〉が用いられるのは、**聞き手（読み手）が「何を指しているか」を理解していると、話し手（書き手）が判断しているとき**です。

つまり、話し手からしてみれば「周囲を見てみれば、何について言っているのか、わかるよね」、「今までの話の流れから考えれば理解できるよね？」、「常識的に考えればわかるよね？」というような聞き手に対して合図を送っているのです。ですので、私たちもここでは語り手から発せられた合図を受信するのですが、the hillsと言われてもどこの山並みを指して言っているのかわかりません。同様に、the valleyもどこの渓谷について言っているのかもわかりません。こうした表現技法には、物語の中に読者を引き込む効果があります。「初出の名詞が定冠詞を伴うと、**後に詳細な情報が出てくることを予告する効果がある**」と言い換えてもいいでしょう。

物語の書き出し部分に定冠詞が用いられている多くの場合、場面設定を行いながら、作品の中でも重要な役割を担う可能性があるものを浮かび上がらせているのです。したがって、「the hills や the valley は物語の場面設定をしている」という理解にとどまらず、「これらのキーワードが、これから物語の中でも大切な役割を果たすんだろうなあ」と予想しながら読んでいけばよいのです。

Ch.4 Hills Like White Elephants

▌ 固有名詞と定冠詞 ▌

ついでながら、the Ebro「エブロ川」のような〈定冠詞＋固有名詞〉のパター
ンも確認しておきましょう。the Rhine「ライン川」やthe Pacific「太平洋」など
が代表例で、一般的には河川名、海、大洋、山脈、群島など地理上の名前には定冠
詞を付けるとされています。なお、the Himalayas「ヒマラヤ山脈」のように、
〈定冠詞＋複数形の固有名詞〉というパターンもあります。

▌ the sun と the station ▌

「エブロ川渓谷の長く白い山並み」の描写に続いて、このような文が登場しま
す。

On this side there was no shade and no trees and <u>the station</u>
was between two lines of rails in <u>the sun</u>.

ここにも the station、the sun と定冠詞を伴った表現が出てきました。the sun
のthe は「たった一つしかないもの」を表すときに使われるものです。先程見た
固有名詞のthe も同じ感覚です。例えば「太平洋」は一つしかありませんので、a
Pacific ではなく、the Pacific のように言うわけです。

一方、the station は、これまで一度も駅に言及されていないので、どこの駅だか
わかりません。ですが、最初の文で場面が設定されていますので、スペインのど
こかの駅だということは想像ができます。そして、この駅が作品の中でも重要な
役割を果たすのではないかと予測しながら読み進めていくことになります。

また、there 構文（there was no shade ...）が用いられていることにも注目しま
しょう。この構文は、まだ物語の中に登場していない人や物を初めて導入すると
きに使われます。そこで、ここでは「なんにもない」ということを明示し、肥沃
な大地と対比された場面設定をしているのです。

185

there構文で使われるthe+名詞

三つ目の文を見てみましょう。

Close against the side of the station <u>there was the warm shadow of the building and a curtain</u>, made of strings of bamboo beads, hung across the open door into the bar, to keep out flies.

ここにもthere構文が用いられていますね。There is[was] ... の後には、「不定冠詞を伴った名詞」が来るのが一般的です。There is ...は「初出のもの」を取り上げる際に用いるので、通常、**〈定冠詞＋名詞〉を続けて用いることはできないの**です。

以下の例を見てください。

There is <u>a car</u> in the garage. Roger drives <u>the car</u> to work every day. （ガレージには車があります。ロジャーは、その車で毎日仕事に行きます）

上の文のThere is ...に続くcarは初出ですので、a carになっています。しかし、二回目に登場した場合はthe carという形にします。すでに文中で言及されているため、「どの車のことを言っているのか」を特定できるので、定冠詞をつけることができるのです。

ところが、文中から引用した文では、there構文の後に定冠詞を伴った名詞の表現が使われています。このように、there構文であっても、**場面や文脈から何を指しているかわかる「はず」の初出名詞を、〈the＋名詞〉の形で示す**ことがあります。

この場合も、there構文と一緒に用いられているthe warm shadow of the building が指している内容は、**明らかに推測できる**状況にあります。先行する文脈から、「日陰がまったくないということ」、および「陽差しを浴びていること」が示されているため、日の当たる駅舎に影ができていることは容易に想像できま

Ch.4 Hills Like White Elephants

すよね。だから、a warm shadowではなく、the warm shadowという言い方になっているわけです。また、buildingからの連想で、the open door、the barは「駅舎のバー」について言っていることが連想可能、つまり「どのdoorやbarのことを指しているか」が明らかですので、定冠詞を伴った名詞で表されているのです。

　ここで注目しておきたいのは、一か所だけ、不定冠詞のaが用いられたa curtain, made of strings of bamboo beadsという表現です。この部分は、「**竹製のビーズでできたカーテンに注目！**」というような感じで読む必要があります。

　この不定冠詞の使い方を理解するためには、「日の丸の国旗」を思い浮かべてみるといいでしょう。日の丸は「白い布の上に赤い丸を乗せている」と考えることができると思います。そこでは、白い布を背景として赤い丸が浮かび上がっていませんか？ この白い布となるのが定冠詞で表されているもので、浮かび上がっている赤い丸が不定冠詞で表されているものと考えてください。定冠詞が使われている文の中に不定冠詞の部分を見つけたら、「**きっと物語の中で何かあるな？**」と思ってみましょう。

　なお、このストーリーの中に「竹製のビーズのカーテン」が出てくる場面はいくつもありますが、その場面の前後をよく読んでみてください。いずれも、物語の展開にとって、ビーズのカーテンが重要なアクセントになっています。

▎後方照応の the ▎

　冒頭部分は、さらにThe American and the girl with him sat at a table in the shade, outside the building.と続きます。これより以前の部分は場面設定でしたが、この文は人物の導入になっています。

　the Americanとthe girl with himも、初出でありながら定冠詞を伴っていますから、後ろに詳細な情報が出てくることを予告していると考えてもよいでしょう。実際、このストーリーは駅舎のバーにいるアメリカ人の男女の意見のすれ違いが描き出されていましたね。この定冠詞のtheの使い方は「**後方照応**」と呼ばれる

187

ものです。照応とは、定冠詞や代名詞などが「何かを指すこと」です。後方照応とは、「後に出てくるものを指している」ということです。

it が何を指すかを考える

さて、冒頭部分が終わり、男女の会話が始まります。最初に、こんな会話が交わされています。

"What should we drink?" the girl asked. She had taken off her hat and put it on the table.
"It's pretty hot," the man said.

この会話部分で使われている it について確認をしておきましょう。まず、put it on the table の it は前に出てきた名詞の her hat を指しています。このように、it は基本的に「前に出てきたもの」を指すために用います。

次の It's pretty hot. の it は「非人称の it」と呼ばれるもので、時間、距離、天候、明暗、季節を表す際に主語として置かれます。他にも、It's my turn.（わたしの番です）のように、状況から話し手と聞き手にわかっている時に使われる「状況の it」や形式主語、強調構文などの主語として使われます。

ビールを二人分注文し、バーの女性店員がテーブルまで運んできました。アメリカ人の女性は稜線（the line of hills）を眺めています。そこで、彼女は They look like white elephants. と口にします。この「白い象」は、すでに解説したとおり、この物語の重要なキーワードの一つですね。

「白い象なんて見たことない」と一度は答えた男性ですが、「あるかもしれない」と自分の答えを翻します。二人の会話がうまくかみ合っていませんね。ちょっとだけ二人の間の雰囲気が悪くなってきたところで、次の文が挿入されます。

The girl looked at the bead curtain.（女性はビーズのカーテンを見ました）

Ch.4 Hills Like White Elephants

　冒頭部分に出てきた竹でできたビーズのカーテンですね。カーテンには酒の銘柄である「アニス・デル・トロ」と書かれていました。水割りで二人分注文することになります。この部分でも it が多用されていますので、確認してみましょう。

　Do you want it with water? と Is it good with water? の it は、「アニス・デル・トロ」というお酒を指しています。次の It's all right. は「アニス・デル・トロを水割りで飲むこと」を指して言っていると考えられます。つまり、前に出てきた名詞を指し示すのではなく、**状況的にそれが何であるか理解することができるもの**です。It tastes like licorice. の it は「アニス・デル・トロを水割りにしたもの」を指しています。この会話部分では、水割りが運ばれてきてそれらがテーブルの上に置かれるということが描かれていませんが、この it があることから、その場面が省略されていることが理解できるはずです。

　「リコリスの味がするわ」と言ってグラスを置いた彼女に対して、彼は同意をします。しかし彼女は「ぜんぶリコリスの味がするの。特に長いこと待ちわびていたものは全部。アブサンのように」という意味深な返事をします。

　この彼女の発言に対して、彼は Oh, cut it out. と言って、話をこれ以上するのをやめさせようとします。このときの it は「**その話**」となるのですが、具体的には「リコリスの味がする」という、女性の「意味深な発言」を指しています。男性は、この返事から、何か当てこすりめいたニュアンスを感じ取ったようです。同様に、続く彼女の You started it. の it も「リコリスの味がする」という話を指しています。男性は、一般論として、あるいはほんの軽い気持ちでリコリスの話をしました。ところが、これが彼女をさらに苛立たせてしまったのです。

　二人はなんとか会話を続けていくのですが、再び彼女は遠くの稜線を眺め「白い象には見えないわ」と先ほどとは正反対のことを言います。その言葉を彼は無視してビールをもう一杯ずつ飲むことを提案します。

　ビールを口にした彼は「よく冷えたビールだ」と言います。彼女は It's lovely. と答えます。もちろんこの it は「ビール」を指していると考えてもよいでしょう。では、それに続く彼の発言の it は何を指しているかわかりますか？

"<u>It</u>'s really an awfully simple operation, Jig," the man said.

このitは「ビール」ではありませんね。「それは本当に簡単な手術だから、ジグ」と言っているので、itが何らかの手術を指していることはわかります。さらに続く次の文はどうでしょうか?

I know you wouldn't mind <u>it</u>, Jig. <u>It</u>'s really not anything.　<u>It</u>'s just to let the air in.

「それを気にすることなんてないと思うよ、ジグ、それは本当に何かあるわけじゃないから。それはただ空気を入れるだけだから」ということですが、一体「それ」って何を指しているのでしょうか? 文脈から判断することはこれ以上できそうにもありません。このitは「すでに話し手の知識の中に蓄積されている情報を指示している」と考えることができます。つまり、具体的な言葉そのものや事物を指すということだけではなく、**その事物を取り巻く状況も含めて指し示すことができる**のです。そうすると、ここで彼がitと指しているものは、すでに二人の間で話し合いをしてきた何らかの手術のことだと考えてもよいでしょう。

さて、簡単な手術であると言われた彼女は「じゃあ、このあと私たちはどうなるの?」と聞き返します。それに対して彼は「前みたいにうまくやっていけるよ」と答え、その根拠を問われると次のように言います。

That's the only thing that bothers us. It's the one thing that's made us unhappy.（僕たちを悩ますことってそれだけだよ。それが僕たちを憂鬱な気持ちにさせているわけだから）

彼はこの時点まで、彼女が手術に同意をし、また二人の良好な関係に戻れると思っていたのでしょう。しかし、彼女から「どうしてそう思うの?」と、予想していなかった質問が投げかけられ、答えに窮してしまいます。そこで、これまで2

人で話し合ってきた「あのこと」がやっぱり二人の間では障害になっているということを示しています。ですが、やはり「あのこと」の指示対象が一度も出てきていないので読者としてはこれをどのように解釈すればよいのかわからなくなってしまいます。そして、「それ」が二人を不幸にしてしまっているのですが、この「それ」が一体何を表しているのかについては、やはり本文中に言及がないので、明確な答えを出すことができません。しかし、何らかの手術を表しているのではないということだけはわかります。

　彼はきちんと答えてくれない彼女に対して、畳みかけるように「その」手術を勧めます。時には「無理にやれと言っていないからね」と相手を気遣う素振りを見せながらも彼女に同意をしてもらおうと必死になります。

　「だったら、やるわ。だって、私は自分のことどうだっていいの」
　「どういう意味だい？」
　「私は自分のことが大事じゃないの」
　「でも、僕は君のことが大事だよ」
　「ああそうでしょうね。でも、私は自分のことが大事じゃないの。だから私はやるし、それで何もかも上手くいくはずね」
　「もし君がそんな風に思うなら、僕は君にやって欲しくはないよ」

というようなちぐはぐな会話になっていきます。本心では彼女に手術に同意してもらいたいのに、男性は偽善者のごとく振る舞います。そこで彼女は、次のように言います。

　　And once they take <u>it</u> away, you never get <u>it</u> back.

　この it は一体何を指しているのでしょうか？ すでに解説したとおり、white elephant とは「無用の長物」のことですね。物語冒頭部分でthe hills に注目させ、それをwhite elephants にたとえて展開させていく中で、いつのまにかit に置

き換えられていたわけです。このitは様々な解釈ができると思いますが、一つの例として「胎児」と読むことも可能でしょう。このように考えると、これまでitで指し示されていた手術も「中絶手術」として考えることができるはずです。

　この物語が始まる前から二人の男女の間の中に話題として上っていたのが、中絶手術だったのかもしれません。そして、彼女がgirlと称されていることからも、二人が夫婦であるという証拠はなく、ある程度の期間付き合っている若い男女であり、男の強烈なエゴが全面的に押し出されている物語として読めるでしょう。

「アニス・デル・トロ」のラベル

"Hills Like White Elephants"の形式を読む

作品解説

　かつて英国作家D.H. ロレンスはヘミングウェイの短編小説が、マッチを擦って一気にタバコに火をつける時のように一瞬で読み終えられる点を高く評価しました。そのような簡潔さが特徴でもある、手掛りの少ないこの小説を理解するためには、ある特定の視点を設けて考察していくことが肝心になります。ここでは三つの読み方を見てみましょう。

　まず、簡潔な文体によって省略される部分を補っていく読み方があります。例えば、ふたりは果たして中絶手術を選ぶのか、仮に手術をした場合にふたりは別れるのか否か、物語の後にふたりは元に戻れるのか、その後ふたりは人生の意義を見いだせるのか、等といった空想的な二項対立の問いを立て、それを明らかにするために作品中の材料を用いて議論する仕方があります。

　しかし逆に、作品に直接顕れる様々な比喩、例えば題名にもなっている白い象の群れや山並み、そして終始描かれるお酒等を物語全体の象徴として捉え、作品中の具体的な描写や登場人物のセリフや動作を根拠にその意味を解読し、物語全体の解釈を構築していく象徴読解的な読み方もあります。このパズル的読み方は、謎を解いていく楽しい読み方です。

　しかし上記のように、直接「書かれていないもの」を考察するのではなく、正確な文法理解を元に、「書かれているもの」を正確に読む方法もあります。高難度ですが、これは文面を凝視した時にのみ浮かびあがる文脈の推移、齟齬、矛盾を拾い上げる読み方です。

　例えば、この小説に頻繁に現れるitやtheyやoneといった代名詞の指示内容を細かく特定すると、ふたりの間でコミュニケーションの文脈がどのように水面下で推移していっているのかを読み解くことができます。また、ふたりが不定代名詞everythingを用いながら対話する場面では、それぞれが異なる意味で用いているために、齟齬が発生している可能性も見えてきます。このような言語分析の方法を用いて、例えばこの小説を「断絶するふたりの物語」として読むことだって可能なのです。

ヘミングウェイの短編小説とセクシュアリティ
──"A Simple Enquiry" と "The Sea Change" から考える

　ヘミングウェイの短編小説を読んでいると、不思議に思えるような人間関係が多く描かれていることに気がつきます。本書の短編の中でも、一見すると普通の男女や男たちの人間関係が描かれていますが、よくよく眺めてみると、社会規範的なジェンダー（性差）の視点だけでは決して説明できないような、奇異な人間の関係性も見てとれます。

　例えば"A Simple Enquiry"に登場する少佐とピニンの密室での会話の中で、少佐は「お前は確かに女の子が好きなんだな？」や「おまえはいい子だ」などと言いだします。二人は、明らかに、軍隊の通常業務における上司と部下の関係性だけでは説明できない会話を交わしていることがわかります。

　また、"The Sea Change"における男女の会話を見ると、別れ話がもつれてケンカをしているように受けとれます。しかしフィルは「あの女殺してやる」や「戻ってきたら、どうだったか何もかも聞かせてくれ」と、辻褄の合わないことを言いだします。これは、二人がどうやら規範的な男女の間柄というよりも、何やら込み入った特殊な間柄であることを示唆しています。

　ヘミングウェイの短編小説においては、このような不思議なやりとりが描きだされることがありますが、その背景となっている文脈は明示的に語られません。ですが氷山の水面下の部分、すなわち文字になって顕れていない部分において暗黙に強調されるのは、登場人物らの「性的指向性」（セクシュアリティ）の性質なのです。これらの場面はまさに、男性が男性に、そして女性が女性に性的魅力を感じ、嫉妬をする同性愛指向の存在を映しだしているのです。

　なぜヘミングウェイは短編小説の中でセクシュアリティという視点を用いるのでしょうか。

　ヘミングウェイは一般的な人間関係と見せかけて、奇異な人間関係を描くことで、ピューリタニズムの規範が自明としてきた異性愛指向の規範に疑義を唱えて

Column

います。これらの短編が執筆された1920年代のアメリカでは、異性愛指向のみが許容され、他の逸脱する性的指向は排除されました。言わばその存在はアンタッチャブルな存在だったのです。上記の少佐がピニンの性的指向性を確認し、地位を利用して彼を隷属させようとする場面や、上記のフィルが、彼女の恋人である女性に強烈に嫉妬をしながらも、その関係に強い興味を抱く場面等はまさに、同性愛指向（をもった存在）への承認の要求を意味すると言えるでしょう。

　ヘミングウェイの描きだす世界が意義深いのは、同性愛指向の人々を排除するどころか、作中で普遍的な存在として扱うことで彼らの存在を必死に擁護・承認している点です。これはヘミングウェイが執筆を通して、性的指向性に関する時代遅れの前近代的かつ排他的な認識を根本から揺さぶり、自らの小説空間の中で多様な性愛指向性を許容していたことを意味します。

　セクシュアリティという視点から作品を眺めることは、より深く人間の性的指向性について理解を深めてくれると同時に、多様な他者に対する承認能力を高めてくれます。是非とも他の作品において、この視点の実践に挑戦してみてください。

Chapter 5
A Simple Enquiry

外は雪が積もる三月下旬。少佐と副官が兵舎の中で仕事をしています。少佐は少し横になると言って自分の部屋に戻っていきます。少佐は副官に命じて、一九歳の従兵、ピニンを自室に呼び出します。少佐はピニンに「これまで女の子に恋したことがあるか」と尋ねます。少佐は彼の手紙をすべて読んでおり、女性への手紙が一通もなかったことを指摘しますが、ピニンは「彼女に恋してますよ」と答えます。なぜ、少佐はピニンに対してこのような質問をしたのでしょうか？文中では明示されていませんが、会話や状況描写から、少佐の質問の意図を考えてみましょう。

ある割り切れない問い

　外では、雪が窓より高くなっていた。日差しが窓から注ぎこみ、小屋の松の板の壁に貼られた地図を照らしていた。太陽は空高くにあり、雪の頂きを越えて陽が差し込んでいた。塹壕が小屋の入り口側に沿って掘られており、晴天の日ごとに、壁を照らす太陽光は、雪に熱を反射し、塹壕の幅を広げていった。三月下旬だった。少佐は壁際のテーブルに向かって座っていた。彼の副官はもう一つのテーブルに座っていた。

　少佐の目の周りには、雪からの照り返しから顔を保護するための雪用ゴーグルによる二つの白い輪ができていた。顔の他の部位は雪焼けし、さらに日焼けし、その日焼けの上からまた雪焼けしていた。彼の鼻は腫れ、水膨れのあった部位には剥がれた柔らかい皮膚のへりがあった。書類に取り掛かりながら、彼は左手の指を油の皿に入れ、指先で皮膚をなだらかに触りながら、顔全体にその油を塗り広げた。彼は皿の縁を使って丁寧に指の油を落としたので、指には油の薄い膜しか残らなかった。そして額と顎を指先で撫でつけると、今度は広げた指で鼻を挟み、そっと撫でた。それが終わると立ち上がって、油の皿を持って自分の寝台のある小さな部屋に入っていった。「俺はちょっと仮眠を取るぞ」と彼は副官に言った。あの国の陸軍において、副官は正式な将校ではない。「残りをやっておいてくれ」

　「承知いたしました、シニョール・マッジョーレ*1」と副官は返答した。彼は椅子に寄りかかってあくびをした。カバーのかかった本をコートのポケットから取りだして開いた。それから本をテーブルに置き、パイプに火をつけた。彼は前のめりになって本を読み、パイプを吹かした。やがて本を閉じ、ポケットに戻した。彼にはあまりにも多くの書類仕事が残されていた。それが終わるまで読書を楽しむことはできなかった。外では太陽が山陰に隠れたために、小屋の壁にはもう日差しがなかった。一人の兵士が部屋の中にやってきて、不揃いの長さに折った数本の松の枝をストーブの中に入れた。「そっとやれ、ピニン」と副官が彼に言った。「少佐殿が寝ておられるんだ」

ピニンは少佐の従兵だった。彼は浅黒い顔をした若者で、松の枝を慎重にくべながらストーブの火を熾すと、ドアを閉めて再び小屋の中に戻っていった。副官はそのまま書類仕事を続けた。

「トナーニ」と少佐が呼んだ。

「シニョール・マッジョーレ？」

「ピニンをこっちに寄越してくれ」

「おい、ピニン！」と副官が呼んだ。ピニンが部屋にやってきた。「少佐殿がお前をお呼びだぞ」と副官は言った。

ピニンは小屋の一番大きな部屋を横切り、少佐の部屋のドアに向かった。半分開いていたドアをノックした。「シニョール・マッジョーレ？」

「入ってこい」と少佐の声が副官に聞こえた。「ドアを閉めろ」

部屋の中では少佐が寝台に横たわっていた。ピニンはその横に立った。少佐は代えの服を詰めたリュックサックを枕代わりに、横たわっていた。細長く、日焼けし、油ぎった彼の顔がピニンを見つめた。少佐の両手は毛布の上に置かれていた。

「お前は十九歳だったな？」と彼が聞いた。

「その通りです、シニョール・マッジョーレ」

「これまでに恋をしたことはあるか？」

「どのような意味においてでしょうか、シニョール・マッジョーレ」

「恋だよ、女の子と」

「女の子たちと遊んでましたよ」

「そんなことを聞いているんじゃない。これまでに恋をしたことがあるのか聞いてるんだ、女の子に」

「もちろんです、シニョール・マッジョーレ」

「その女の子には今も恋してるのか？その子には手紙を書いていないじゃないか。俺はお前の手紙をすべて読んでいるんだぞ」

「彼女に恋してますよ」とピニンは言った、「ですが、その子に手紙は書いてません」

「それは確かなんだな？」

「はい、確かです」

「トナーニ」と少佐は同じトーンで言った。「俺の話している声が聞こえるか？」

隣の部屋からは一切返答がなかった。

「あいつには聞こえていないな」と少佐は言った。「それで、お前は確かに女の子が好きなんだな？」

「はい、確かです」

「さらにだ」と少佐はすぐに彼に目をやり、「堕落はしてないんだな？」

「どのような意味で『堕落』と仰っているのかわかりません」

「まぁいいだろう」と少佐は言った。「上品ぶる必要もなかろう」

ピニンは目線を床に下げた。少佐は日焼けした顔を見つめ、つま先から頭へ視線を這わせ、そして彼の手を見つめた。それから少佐は表情を和らげることなく続け、「それで、お前は本当に…」、と言って一瞬動きが止まった。ピニンは目線を床に下げた。「お前の本当の欲望は実のところ…」ピニンは目線を床に下げたままだった。少佐はリュックサックに頭をもたれかけ、微笑んだ。彼は実に気が楽になった。それは軍隊生活があまりにもややこしいからだ。「お前はいい子だな」と彼は言った。「お前はいい子だ、ピニン。だが、上等ぶるな。そして他の奴らが近寄ってきて連れて行かれないように気をつけろ」

ピニンは寝台の横にじっと立っていた。

「怖がらなくていいんだぞ」と少佐は言った。彼は毛布の上で両手の指を絡ませていた。「お前のことは触らないからな。自分の小隊に戻りたいなら、構わないぞ。だが、俺の従兵として残ったほうが利口だな。殺される確率が低くなるからな」

「他に何かご用がありますか、シニョール・マッジョーレ？」

「何も」と少佐は言った。「もう出ていって、さっきまでやっていた仕事に戻れ。部屋を出る時はドアを開けたままにしておけ」

ピニンはドアを開けたまま出ていった。副官は顔をあげ、ピニンが妙にぎこ

200

ちない歩き方をして部屋を横切り出ていくのを見た。ピニンは赤くほてっており、火を熾すために薪を持ち込んだ時の動作とは異なる動きをしていた。副官は彼を見送り、微笑んだ。ピニンはストーブのためにさらに多くの薪を運びいれた。少佐が寝台に横たわったまま、壁の釘に掛けられた布で覆われたヘルメットと雪用のゴーグルに目をやっていると、ピニンが部屋の床を横切って歩いている音が聞こえた。小悪魔め、と彼は思った。あいつは俺に嘘をついたんじゃなかろうか。

*1「少佐殿」

文法に注意して読みましょう

①<u>A Simple Enquiry</u>

②<u>Outside, the snow was higher than the window.</u> The sunlight came in through the window and shone on a map on the pineboard wall of the hut. The sun was high and the light came in over the top of the snow. ③<u>A trench had been cut along the open side of the hut, and each clear day the sun, shining on the wall, reflected heat against the snow and widened the trench.</u> It was late March. ④<u>The major sat at a table against the wall.</u> His adjutant sat at another table.

⑤<u>Around the major's eyes were two white circles where his snow-glasses had protected his face from the sun on the snow.</u> The rest of his face had been burned and then tanned and then burned through the tan. ⑥<u>His nose was swollen and there were edges of loose skin where blisters had been.</u> ❼**While he worked at the papers he put the fingers of his left hand into a saucer of oil and then spread the oil over his face, touching it very gently with the tips of his fingers.** He was very careful to drain his fingers on the edge of the saucer so there was only a film of oil on them, and after he had stroked his forehead and his cheeks, he stroked his nose very delicately between his fingers. When he had finished he stood up, took the saucer of oil, and went into a small room of the hut where he slept. "I'm going to take a little sleep," he said to the adjutant. In that army an adjutant is not a commissioned officer. "You'll finish up."

"Yes, *signor maggiore*," the adjutant answered. He leaned back

Grammar Points

Ch.5 A Simple Enquiry

ここ に 気 を つ け て 読 も う

① この不定冠詞（a）は、どのようなニュアンスでしょうか？

<u>A</u> Simple Enquiry

② なぜ、文頭に「場所を表す語」が置かれているのでしょうか？

<u>Outside</u>, the snow was higher than the window.

③ ここで過去完了が使われている意図は？

A trench <u>had been cut</u> along the open side of the hut , and ...

④ sit at ... の意味は？

The major <u>sat at</u> a table against the wall.

⑤ この文の主語と動詞は何でしょうか？

Around the major's eyes were two white circles where his snow-glasses had protected his face from the sun on the snow.

⑥ where の品詞は？

His nose was swollen and there were edges of loose skin <u>where</u> blisters had been.

解釈のポイント ❶ → p.224

この動作描写から、どんなことを感じ取れますか？

While he worked at the papers ..., touching it very gently with the tips of his fingers.

. . . .
N O T E S
. . . .

L.004 trench ▶塹壕

L.007 major ▶少佐

L.007 adjutant ▶副官

203

in his chair and yawned. He took a paper-covered book out of the pocket of his coat and opened it; then laid it down on the table and lit his pipe. He leaned forward on the table to read and puffed at his pipe. Then he closed the book and put it back in his pocket. ⑦He had too much paper-work to get through. He could not enjoy reading until it was done. ⑧Outside, the sun went behind a mountain and there was no more light on the wall of the hut. A soldier came in and put some pine branches, chopped into irregular lengths, into the stove. "Be soft, Pinin," the adjutant said to him. "The major is sleeping."

Pinin was the major's orderly. ⑨He was a dark-faced boy, and he fixed the stove, putting the pine wood in carefully, shut the door, and went into the back of the hut again. The adjutant went on with his papers.

"Tonani," the major called.

"Signor maggiore?"

"Send Pinin in to me."

"Pinin!" the adjutant called. Pinin came into the room. "The major wants you," the adjutant said.

Pinin walked across the main room of the hut toward the major's door. He knocked on the half-opened door. "Signor maggiore?"

"Come in," the adjutant heard the major say, "and shut the door."

⑩Inside the room the major lay on his bunk. Pinin stood beside the bunk. ⑪The major lay with his head on the rucksack that he

204

Ch.5 A Simple Enquiry

Grammar Points　　　　　　　　ここ に 気 を つ け て 読 も う

⑦ too の意味は？

He had <u>too</u> much paper-work to get through

⑧ なぜ outside という場所を表す語が文頭に置かれているのでしょうか？

<u>Outside,</u> the sun went behind a mountain and there was no more light on the wall of the hut.

⑨ in の品詞は何でしょうか？

..., putting the pine wood <u>in</u> carefully, ...

⑩ inside the room が、なぜ文頭に置かれているのでしょうか？

<u>Inside the room</u> the major lay on his bunk.

⑪ この文に使われている二つの with の意味の違いを説明できますか？

The major lay <u>with</u> his head on the rucksack that he had stuffed <u>with</u> spare clothing to make a pillow.

. . . .
N O T E S
. . . .

`L.029`　enjoy ...ing　▶ …することを楽しむ

`L.035`　orderly　▶ 従卒

隊付きの将校に専属し、身のまわりの世話などをする兵卒のこと。

`L.045`　half-opened　▶ 半開きの

had stuffed with spare clothing to make a pillow. His long, burned, oiled face looked at Pinin. His hands lay on the blankets.

"⑫You are nineteen?" he asked.

"Yes, *signor maggiore*."

"You have ever been in love?"

"⑬How do you mean, *signor maggiore*?"

"In love—with a girl?"

"⑭I have been with girls."

"⑮I did not ask that. I asked if you had been in love—with a girl."

"Yes, *signor maggiore*."

"You are in love with this girl now? You don't write her. I read all your letters."

"I am in love with her," Pinin said, "but I do not write her."

"You are sure of this?"

"I am sure."

"Tonani," the major said in the same tone of voice, "can you hear me talking?"

There was no answer from the next room.

"He cannot hear," the major said. "And you are quite sure that you love a girl?"

"I am sure."

⑯"And," the major looked at him quickly, "that you are not corrupt?"

"I don't know what you mean, corrupt."

"All right," the major said. "⑰You needn't be superior."

206

Ch.5 A Simple Enquiry

G r a m m a r   P o i n t s　　　　　　　　　ここ に 気 を つ け て 読 も う

⑫ You are nineteen? となっているのはどうしてでしょうか？

You are nineteen?

⑬ What do you mean? と How do you mean? の違いは？

How do you mean, *signor maggiore?*

⑭ with girls とは、どういう意味でしょうか？

I have been with girls.

⑮ なぜ、ここで a girl となっているのでしょうか？

I did not ask that. I asked if you had been in love—with a girl.

⑯ ここでの corrupt の意味は？

"And," the major looked at him quickly, "that you are not corrupt?"

⑰ この superior はどのようなニュアンスでしょうか？

You needn't be superior.

- -
N O T E S
- -

L.062　write　▶ …に手紙を書く

Pinin looked at the floor. The major looked at his brown face, down and up him, and at his hands. Then he went on, not smiling. "And you really don't want—" the major paused. Pinin looked at the floor. "That your great desire isn't really—" Pinin looked at the floor. The major leaned his head back on the rucksack and smiled. He was really relieved: life in the army was too complicated. "You're a good boy," he said. "You're a good boy, Pinin. But don't be superior and be careful someone else doesn't come along and take you."

Pinin stood still beside the bunk.

"Don't be afraid," the major said. His hands were folded on the blankets. "I won't touch you. You can go back to your platoon if you like. But you had better stay on as my servant. You've less chance of being killed."

"Do you want anything of me, *signor maggiore?*"

"No," the major said. "Go on and get on with whatever you were doing. Leave the door open when you go out."

Pinin went out, leaving the door open. The adjutant looked up at him as he walked awkwardly across the room and out of the door. ❷Pinin was flushed and moved differently than he had moved when he brought in the wood for the fire. The adjutant looked after him and smiled. Pinin came in with more wood for the stove. The major, lying on his bunk, looking at his cloth-covered helmet and his snow-glasses that hung from a nail on the wall, heard him walk across the floor. ⑱The little devil, he thought, I wonder if he lied to me.

Ch.5 A Simple Enquiry

Grammar Points　　　　　　　　　　　ここ に 気 を つ け て 読 も う

解釈のポイント ❷ → *p.224*

ピニンは、どのような様子で部屋から出てきたのでしょうか？

Pinin was flushed and moved differently than he had moved when he brought in the wood for the fire.

⑱ なぜ、ここで現在形が使われているのでしょうか？

The little devil, he thought, I <u>wonder</u> if he lied to me.

・・
N O T E S
・・

L.084　come along ▶ やって来る

L.088　platoon ▶ 小隊

L.101　The little devil ▶ あいつめ

209

「ここに気をつけて読もう」の解説

Commentaries on Grammar Points

→ p.203

① この不定冠詞 (a) は、どのようなニュアンスでしょうか？

A Simple Enquiry

▶ ▶ ▶ 「ある一つの」という意味で、「これから読んでいくと、どういうものか
がわかる」という「予告」になっています。

解説 不定冠詞の基本的な意味は "**one of many**"「**たくさんあるものの中から
一つ**」であり、「特定の何か」を指したりはしません。そのため、読者は
「どんな質問（enquiry）なんだろう？」と予想しながら読んでいくことになりま
す。つまり、このタイトルの不定冠詞は「**予告**」のような役割を果たしていると
言えます。

　なお、「質問」を意味する最も一般的な英語はquestionですが、なぜ、ここでは
enquiryという言葉があえて用いられているのでしょうか。『Oxford現代英英辞
典』では、enquiryをan official process to find out the cause of something or
to find out information about something「職務上、ある事柄についての根拠や
情報を探り出す過程」と定義しています。enquiryには、この定義が示すように
「**ちょっとした取り調べ・尋問**」のようなニュアンスがあります。したがって、
「話を読み進めていくと、なんらかの取り調べのようなことが行われるのでは？」
と予想しながら読んでいきましょう。

→ p.203

② なぜ、文頭に「場所を表す語」が置かれているのでしょうか？

Outside, the snow was higher than the window.

▶ ▶ ▶ 「情報の流れ」を示すためです。

210

Ch.5 A Simple Enquiry

解説 場所を表す副詞outsideが文頭に置かれています。副詞（句）は、文中の比較的自由な位置に置くことができます。この文のように副詞（句）が文頭に移動されている場合、言語学的には「フレーム設定機能」、すなわち**状況設定**をする役割があると考えられています。

　もう一つは、**「情報の流れ」を明確にする**ために、語順を入れ替えるということがあります。ここでは、情報の流れを優先させるために文頭に置かれたと考えてよいでしょう。英語では、文末には大切な情報を持ってくることがあります（文末焦点の原則）。ここではthe windowが大切な情報です。

　では、どうして「窓」が大切な情報なのでしょうか？　情報の流れという観点から、次に続く文を見てみましょう。次の文はThe sunlight came in through the window and shone on a map on the pine-board wall of the hut.ですね。「陽光が『窓』を通して入ってきて、小屋の松板張りの壁に張ってある地図を照らしている」という内容になっていますから、**窓を文末に置くことによって、スムーズに接続できる**ことがわかると思います。

　これを図にしてみると、以下のようになります。一方、下段の図のように、outsideを文の頭に持ってこないと、**「外→小屋の中」という場面転換ができなくなり、流れが止まってしまう**のです。

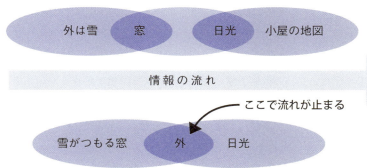

211

→ p.203

③ ここで過去完了が使われている意図は？

A trench <u>had been cut</u> along the open side of the hut , and …

▶ ▶ ▶ **過去完了形で書かれているこの文が、「現在の時点」（過去形で書かれて
いる物語現在）とは異なった状況を表すためです。**

解説 太陽が照りつける晴れた日は、積もった雪が溶けて、塹壕が姿を表しま
す。小説の時制と私たちの日常生活における時間表現は異なっているこ
とをここで確認しておきます。くわしくは「ワンポイント文法講義」で解説しま
すが、**小説の中で「いま、起きていること」を表す時制は過去形**です。そして、**過
去完了形は小説の中の過去を表す**ということを覚えておいてください。

この文は、「塹壕が掘られた（過去完了）」「晴れた日は塹壕が見える（過去）」
となっています。この二つが、andによって「掘られているが、晴れると見える」
のように、**逆接**的に繋がれています。このように、andには「そして」という意
味だけではなく、butと同じ逆接を表す意味もあります。例えば、Toshi promised
me to help me with my homework <u>and</u> didn't.（トシは僕の宿題を手伝うと約束
したのに、やってくれなかった）というように、「予想に反して」というような文
脈で用いられることがあります。他にも It's raining, <u>and</u> I haven't brought my
umbrella.（雨が降ってる、でも、傘を持ってきてない）、Ted is optimistic <u>and</u>
Jane is pessimistic.（テッドは楽観的だけど、ジェーンは悲観的だ）というような
対比（≒while）で使われることもありますので、辞書を調べて用例を確認して
みてください。

ここまで考えたところで問題です。今、この時点では塹壕が見えていますか？
考えてみてください。ここでは、「いま、起きていること」ではなく、一連の情景
描写であると考えるのがよいでしょう（「雨の中の猫」の冒頭部分では、物語の現
在と情景描写のどちらにも過去形が使われていますので、確認してみてくださ
い）。そこで、物語の中の過去形は**①情景描写**、**②物語の現在**のどちらかを表すと
理解しておきましょう。

Ch.5 A Simple Enquiry

→ p.203

④ sit at ... の意味は？

The major <u>sat at</u> a table against the wall.

▶ ▶ ▶ 「テーブルの<u>ところ</u>に<u>座る</u>」という意味です。

解説 sit on a table と sit at a table は「接触」のon と「地点」を表すat に違い
があります。sit on a table は「テーブルの<u>上に</u>座る」という意味です
ね。これに対して、また、sit at a table は「テーブルに着いている（つまり、**椅子
に座っている**）」という意味です。では、Her father would not let her speak at
table. はどのような意味でしょうか？ ポイントは、table という普通名詞に冠詞が
付いていないことです。こうした名詞を**「はだか名詞」**と呼びます。はだか名詞
は個別具体的なモノではなくなります。したがって、at table のtable はテーブル
という個体ではなくなり、本来の目的である**「食事をすること」**を表します。つ
まり、この例文は**「彼女の父親は食事中は彼女に一言も話させなかった」**という
意味なのです。

　ここで簡単にはだか名詞の例を見ながら確認していきましょう。

....

例 Go to <u>bed</u> soon. （早く寝なさい）
　　cf. Don't sit on the bed. （ベッドの上に座らないで）

....

例 Ken is in <u>class</u> now. （今、ケンは授業中です）
　　cf. I have a class at 9:00. （9時に授業があります）

....

例 May came here by bus. （メイはバスで来ました）
　　cf. May is standing by the bus. （メイはバスのそばに立っています）

　このように、はだか名詞は**目的や手段**を表すときに使われます。冠詞が用いら
れることで、一つ、二つと数えることができる具体的なモノになるのです。

213

→ p.203

⑤ この文の主語と動詞は何でしょうか？

Around the major's eyes were two white circles where his snow-glasses had protected his face from the sun on the snow.

▶ ▶ ▶ **主語は two white circles where his snow-glasses had protected his face from the sun on the snow で動詞は were です。**

解説 この文はaround the major's eyesが文頭に来ており、本来の主語である two white circlesが動詞の後に配置されています。two white circles where his snow-glasses had protected his face from the sun on the snow. は主語として長すぎますね。そのため、長い主語を後に移動させているのです。こうすることで文末に新情報が来ることになり、「雪の照り返しから目を守るためにしていたゴーグルの白い跡がついていた」という情報に焦点を当てていることがわかります。この後に、雪焼けをした少佐の皮膚についての話題が続きますので、**情報構造的にも倒置されているほうがスムーズな物語展開となっていくのです。**

→ p.203

⑥ where の品詞は？

His nose was swollen and there were edges of loose skin <u>where</u> blisters had been.

▶ ▶ ▶ **関係副詞の where です。**

解説 関係副詞は、「場所」を先行詞にとります。ここでは、「水ぶくれができていた〈ところの〉皮膚は浮き上がり、剥けていた」という意味で関係副詞が用いられています。

ここで簡単に関係副詞について確認をしておきましょう。関係副詞は関係代名詞と同じように、名詞を先行詞にします。関係副詞の選択は先行詞の名詞の意味によって決まります。先行詞の名詞が「とき」を表す場合にはwhen、「場所」を

表す場合にはwhere、「理由」を表す場合はwhy、「方法・様子」を表している場合はhowを用います。関係副詞howは次のような形式で用いられることがあります。

This is <u>how</u> I did it.
This is <u>the way</u> I did it.
*This is the way how I did it. は現代英語ではあまり使いません。

入試問題でもよく見かける以下の問題を、みなさんも解いてみてください。

1 Tommy wants to live in a place (　　) is famous for apples.
1. of which　**2.** where　**3.** which　**4.** in which

2 Christmas is (　　) our kids get excited.
1. that　**2.** how　**3.** when　**4.** what

いかがでしたか？ **1** は、先行詞がa placeになっているから「場所」だと判断して、**2.** のwhereを選んでしまいませんでしたか？ これは誤りです。(　　) is famous for apples. という部分を見ると、空欄には主語が必要ですので、主格の関係代名詞の **3.** whichを入れます。意味は、「トミーはリンゴで有名なところに住みたいと思っている」となります。

では **2** の答えは **3.**whenです。**関係副詞自体に先行詞が含まれていることがあり、その場合は、先行詞が不要になる**のです。意味は「クリスマスには、子どもたちはワクワクします」（≒ Christmas is <u>the day</u> when our kids get excited.）となります。

→ p.205

⑦ too の意味は？

He had <u>too</u> much paper-work to get through

▶ ▶ ▶ 「自分の予想する量や程度、期待する量や程度を大幅に上回っていること」を示します

解説 too は「とても」という意味ではなく、より正確には**「自分の予想や期待する量を大幅に上回っていること」**を示します。つまり、ここでは、彼にとってはやり切ることができないほどの量の書類仕事があるということを伝えています。〈too ... to 〜〉の構文を〈so ... that S cannot 〜〉という否定文に書き換えることができるのは、**too に否定の意味が含まれている**からなのです。

このtooのイメージをつかむために、いくつか例を見ながら確認していきましょう。There's too much homework は「自分のやりきれると思っている以上の分量の宿題がある」ということで、「多すぎてやりきれない」というニュアンスを表します。例えば、You can have too much of a good thing. は**「たとえ『よいこと』(a good thing) でも、たくさんありすぎると度が過ぎてしまう」**という意味で、「過ぎたるは及ばざるがごとし」などと訳されることもあります。例えば、「赤ワインは体によい」と言われたからといって、一日に三本も飲んでしまうのは You can have too much of a good thing です。

→ p.205

⑧ なぜoutsideという場所を表す語が文頭に置かれているのでしょうか？

<u>Outside,</u> the sun went behind a mountain and there was no more light on the wall of the hut.

▶ ▶ ▶ 冒頭の日の光が差し込んできたことと、対照的な描写にするためです。

解説 物語冒頭と同じスタイルになっていることに注目しましょう。日没で光が差し込まない状況になっており、**日の光が差し込んでいた**冒頭とは対

照的な描写になっています。「どのように」「どこ」「いつ」を表す副詞（句）が文頭に来る場合は、その語句を強調したり（主題にする）、前後の情報のつながりの中で、別の語句と対比する効果が生まれます。ここでは、物語が始まった冒頭の時間から、ある程度の時間が経過しているということを「陽光が差し込まない」という表現で描写しています。これによって、読者は「あたりが暗くなり、だんだんと寒さが増してきている様子」を感じ取ることができるでしょう。さらに、この文に続いて「兵士が一人やってきて、暖炉に不揃いに切られた松の木をくべた」と流れるような描写が展開していきます。

→ p.205

⑨ inの品詞は何でしょうか？

..., putting the pine wood <u>in</u> carefully, ...

▶ ▶ ▶ 副詞です。

解説 inは、前置詞の用法が最もなじみ深いと思いますが、ここでは**副詞と形容詞のin**を紹介します。まずは形容詞inを見てみましょう。It's the <u>in</u> things to do.（それは、今流行しているものです）やLong skirts are <u>in</u>.（ロングスカートが流行中です）というように、**「流行の，人気のある」**という意味で使われます。

副詞のinの代表的な意味は**「中に入る」**です。例えば、Some are <u>in</u> and others (are) out.（入ってくる人もいれば、出て行く人もいる）のように、「中に入る」という動的な様子を表しています。また、outと対義語になっていることからも副詞であるとわかりますね。I'm <u>in</u>.は「私も仲間に入るよ」という意味で、やはり「中に入る」という意味で使われています。本文中のinも副詞で松の木を「中に入れた」という動的な表現になっています。

ちなみに前置詞のinはin the roomのように、空間を表していますので静的なイメージがあります。「動的なイメージ」を表す場合、Come <u>into</u> the room.（部屋に入ってきなさい）のように、intoが用いられます。

→ p.205

⑩ inside the room が、なぜ文頭に置かれているのでしょうか？

<u>Inside the room</u> the major lay on his bunk.

▶▶▶ 場所句を文頭に出すことで、場面が少佐の部屋の中に移ったことを明示しています

解説　inside the roomという場所句が文頭におかれて強調され、話の舞台が少佐の部屋の中であるということが明示されています。さらに部屋の扉を閉めることで、「内側」と「外側」が明確に区分けされます。部屋の中に入るということを示すinsideは、単なる物理的な空間移動だけではなく、心理的な移動、すなわち**「心の中へと入って行くような記号」**としても読み解くことができます。

　なお、既に説明したとおり、場所を表わす副詞（句）が文頭に置かれた場合、(1) 状況設定（フレーム設定機能）／(2) 情報の流れの明示という二つのパターンがあります。ここでは、状況設定機能として文頭に場所を表す副詞句が来ています。

→ p.205

⑪ この文に使われている二つのwithの意味の違いを説明できますか？

The major lay <u>with</u> his head on the rucksack that he had stuffed <u>with</u> spare clothing to make a pillow.

▶▶▶ 最初の with は「付帯状況」を表し、二つ目は「材料」を表す with です。

解説　この文は次の図解で意味と構造を理解しておきましょう。

➡少佐は枕をつくるために着替え用の服を詰めたリュックサックに頭をのせて横になっていた。

　The major lay with this head on the rucksack（少佐はリュックに頭を乗せて横になっていた）というところでは、自動詞のlie「横になる」と、状態や様子を表す付帯状況のwithが使われていることに注意しておきましょう。そして、the rucksackをthat以下の関係代名詞節が修飾して、「どのようなリュックサックか」を具体的に説明しています。the rucksack that he had stuffed with spare clothing to make a pillowでは、stuff A with B「Bという材料でAを詰める、AにBを詰める」という表現が使われています。Aに相当する語句がthe rucksackです。そして、文末にあるto不定詞は目的を表す副詞的用法です（「枕を作るために」）。

→ p.207

⑫ You are nineteen?となっているのはどうしてでしょうか？

You are nineteen?

▶▶▶ 平叙疑問文は「確認」するために使われる疑問文です

　　　You are nineteen.のyes-no疑問文を作るときは、Are you nineteen?とするのが一般的です。しかし、ここで使われているように、平叙文の語

219

順で文末に「？」を付けて疑問文を作るパターンもあります。話し言葉では、大抵は上昇調のイントネーション（語尾に向かって徐々に上げ調子）で発音されます。こうした疑問文のことを平叙疑問文と呼びます。平叙疑問文は口語的な表現ですので、改まった文体が望まれるときには好まれません。

　まず、平叙疑問文は「確認」をする場合に用いられます。Are you nineteen? とYou are nineteen? の違いは、前者の場合、相手の年齢について、19歳かどうかわからないときに使われます（つまり、純粋な「質問」）。一方、平叙疑問文は19歳であることを知っていて、それを相手に確認をするときに使います。たとえば、友達と話をしていて、その友人が私に「私の英語の先生はいつもピンクのジャケットを着てるんだ」と言ったとしましょう。そして、ちょうどピンクのジャケットを着た人が向こうからやってくるのが目に入りました。そうしたときに、Is that the teacher? と聞くのではなく、That's the teacher? と聞くはずです。つまり、I suppose that's the teacher, is it? のような意味で用いているのです。

　また、平叙疑問文は「確認」以外にも、**「驚き」**を表すことがあります。例えば、You cooked it?（君が、これを作ったの？ 信じられない！）は、話し手にとっては意外な出来事を目の当たりにした驚きを表しています。驚きと同時に、事実を確認していると言うこともできますね。

　ちなみに、法廷での尋問の際に平叙疑問文が使われることがしばしば見られるということが研究でわかっています。You are nineteen? という「確認」の後、少佐はピニンに対してYou have ever been in love? / You are in love with this girl now? / You are sure of this? といった具合に、平叙疑問文で話しかけています。言わば、まるで「尋問」のような感じになっています。「俺には隠さず、全部言いなさい。すべてわかっているんだから」とでも言うような、言葉には表れていない「圧力」が、一連の平叙疑問文から感じられると思います。

Ch.5 A Simple Enquiry

→ p.207

⑬ What do you mean? と How do you mean? の違いは？

How do you mean, *signor maggiore?*

▶ ▶ ▶ 相手の言っていることが理解できなかったら **what** を使い、「発話の意図」を知りたいときには **how** を使います。

解説 What do you mean? は、相手の言ったことがわからないときに、その意味をたずねる場合の表現です。類似する表現に What do you mean by that？（それは、どんな意味なのですか？）があります。そして、How do you mean? は**「あなたの言っている言葉の意味がわかるが、その意図がわからないので具体的に、もう少し説明してもらいたい」**というときに用いる疑問文です。ここでは、突然、恋愛経験を聞かれたピニンがどう反応していいか困っている様子が伺えます。

　もう少し後の場面で、ピニンの I don't know what you mean, corrupt. という発言が登場します。こちらでは、ピニンは少佐の corrupt という**「言葉の意味がわからなかった」**ので、その意味を聞き直したわけですね。

→ p.207

⑭ with girls とは、どういう意味でしょうか？

I have been with girls.

▶ ▶ ▶ 「女の子とは一緒にいたことがある」

解説 〈be with 人〉は**「人と一緒にいる」**という意味で、「恋に落ちる」や「付き合う」という意味ではなく、「一緒に遊ぶ」ぐらいのニュアンスです。このピニンの答えに要領を得なかった少佐は、"I did not ask that. I asked if you had been in love—with a girl."（そんなことを聞いたのではなく、これまで恋をしたことがあるのか、女の子に。そういったことを聞いたんだ）と再び詰問します。なぜ、少佐はこんなにも執拗にピニンの女性関係について聞いているので

221

しょうか？ 考えてみてください。

→ p.207

⑮ なぜ、ここでa girlとなっているのでしょうか？

I did not ask that. I asked if you had been in love—with a girl.

▶ ▶ ▶ 任意の一人の女性をイメージして、「恋をしたことがあるのか―女と？」と言っています。

解説 ピニンのwith girlsと少佐のwith a girlは、表現上は微妙な違いですが、その意味するところは大きく異なります。本文は次のようになっていました。

"How do you mean, *signor maggiore?*"

"In love—with a girl?"

"I have been with girls."

"I did not ask that. I asked if you had been in love—with a girl."

少佐の質問の意図がわからなかったピニンが、その意図を確かめると、少佐はIn love—with a girl?と説明し直します。このa girlは**「任意の一人の女性」**のことを前提にしています。例えば、I want a computer for my work.（仕事用のパソコンが欲しい）というように、「任意の一台のパソコン」を不定冠詞で表すことができます。

それに対して、ピニンは無冠詞複数形のwith girlsと複数形、無冠詞で答えています。普通名詞の無冠詞複数形は**総称表現**になります。したがって、ここではピニンが特定の女性ではなく、何人もの女性をイメージして答えていることがわかります。

Ch.5 A Simple Enquiry

→ p.207

⑯ ここでのcorruptの意味は？

"And," the major looked at him quickly, "that you are not corrupt?"

▶ ▶ ▶ 「道徳的なことに背いている」ことを表します。

解説 corruptは「モラルに反することをしている」という意味で、「賄賂などの不正行為」や**「道徳的なことに背く行為」**に対して用いられます。では、なぜここで少佐がこのような単語を使っているのでしょうか？ 勘のよい方であれば、少佐が期待していることがなんとなくわかりますよね。少佐はピニンに「ちょっかいを出したい」のです。そして、その期待に応えて欲しいと思っていたのです。

→ p.207

⑰ このsuperiorはどのようなニュアンスでしょうか？

You needn't be superior.

▶ ▶ ▶ 「上品ぶる」というニュアンスです。

解説 superiorは「より優れている」という意味です。「相手より自分が優れていると思っている」ということから、**「上品ぶるのはやめろ」「こちらを見下したような態度を取るな」「知っているくせに、わざわざそういう言い方をするな」**というような、少佐の態度がにじみ出ています。

→ p.209

⑱ なぜ、ここで現在形が使われているのでしょうか？

The little devil, he thought, I <u>wonder</u> if he lied to me.

▶ ▶ ▶ 少佐の心の中の声をリアルに描写するためです。

解説 先ほども見たように、過去形で語られる小説の地の文（会話文ではないところ）に現在形が出てくることがしばしばあります。ここで使われている現在形は、少佐の心の中の声をリアルに描写するためのものです。くわしくは、「ワンポイント文法講義」で確認してください。

解釈のポイント ・・・・・・・・・・・・・・・・・・・・・・・ Beneath the surface

❶ この動作描写から、どんなことを感じ取れますか？

While he worked at the papers ..., touching it very gently with the tips of his fingers.

→ この部分では、女性が化粧をするかのように、優しく、そして愛撫するかのような手の動きが描かれています。この描写から、少佐がゲイであることを感じ取った方もいると思います。ヘミングウェイの作品では「手」が時には男らしさを表していたり、女性らしさを表していると言われています。"Cat in the Rain"の宿屋の主人の手は男らしさ、そして"The light of the world"のコックの手は男性らしさが取り除かれ、ゲイであることを示していますね。

❷ ピニンは、どのような様子で部屋から出てきたのでしょうか？

Pinin was flushed and moved differently than he had moved when he brought in the wood for the fire.

→ 少佐に呼ばれたので、入る前は緊張していたけれど、大きな問題もなかったことで、「出てきたら安心した」という具合に、「無難に」捉えてもよいでしょう。しかし、このような解釈は、「顔は紅潮し、ぎこちない歩き方だった」という描写には少しそぐわないようにも思われます。

　少佐の部屋の中でのやりとりをもう一度確認してみましょう。少佐はピニンに、女がいるのかどうか何度も質問をしていました。そのときの少佐はベッドに横たわっており、なぜだかピニンの顔と手をなめるように見つめます。勘の良い方はここでわかると思いますが、この部分は「下半身」に着目をします。

　そうすると、ゲイの少佐に迫られた若いピニンが「勃起をしてしまった」ため、「differentlyな歩き方をしていた」と読み取ることができます。そして、副官の笑みはきっと「あぁ、また若い奴にちょっかいを出して困らせたんだなぁ」というようなことを暗示するような笑いかもしれませんし、ひょっとして少佐とピニンのやりとりがドアの向こうから聞こえていて、全部知っていながら、知らないふりをしてニヤリとする様子かも知れません。

ワンポイント文法講義 ⑤
Mini-lecture

時制と相に注意して
物語を読もう

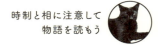

　英語の小説を読むときには、時制や相（完了形や進行形）に注意をしながら読んでいくことが大切です。ここでは、特に注意すべき点について解説していきます。

小説における「過去形」と「過去完了」

　まず、ここで大前提として押さえておくべきことがあります。それは、**英語の小説の地の文は過去形で書かれている**ということです（これが基本ですが、現在形で書かれることもあります）。

　普通の文章であれば、ある出来事を過去形の動詞で描写すると、その出来事は現在とは切り離された、いわゆる「過去」の出来事を示します（「そんなの当たり前だ！」とツッコミを入れたくなる方もいらっしゃると思いますが、ここは我慢してついてきてください）。しかしながら、小説の世界では、過去形で書かれているところが、その時に起こっている「いま」の出来事を表します。つまり、**小説の中の過去形は小説の中の「いま」を表す**のです。さらに、この考えを広げていくと、**小説内の過去完了形は小説の中の「いま」よりも前の時間に遡っている**ということになるのです。

小説の地の文

過去形　　▶▶　物語の世界の「いま」を表す

過去完了形　▶▶　物語の世界の「いま」よりも前の時を表す

　作品の冒頭部分を用いて、時の表現について確認していきましょう。下線部の動詞の時制に注目をすると、一箇所だけ**過去完了形**になっています。その理由を説明することができますか？

Ch.5 A Simple Enquiry

> Outside, the snow <u>was</u> higher than the window. The sunlight <u>came</u> in through the window and <u>shone</u> on a map on the pine-board wall of the hut. The sun <u>was</u> high and the light <u>came</u> in over the top of the snow. A trench <u>had been cut</u> along the open side of the hut, ...

　外には雪が小屋の窓付近まで積もっています。窓の上部からは太陽の光が部屋に差し込んでいます。そして、その光は小屋の中に貼られている地図を照らしています。ここまでは全て過去形で書かれています。つまり、物語世界の「いま」を指しています。しかし、次の A trench had been cut（塹壕が掘られていた）と過去完了になっているのは、物語の現時点**よりも以前のことだから**です。ですので、今の時点よりも前に遡った出来事を示しています。つまり、過去に塹壕が掘られたことを示すために、〈had ＋過去分詞〉の過去完了が使われるのです。

▍小説の中の過去形、もう一つの用法 ▍

　この文の続きを見ると次のようになっています。

> A trench <u>had been cut</u> along the open side of the hut, and each clear day the sun, shining on the wall, <u>reflected</u> heat against the snow and <u>widened</u> the trench.

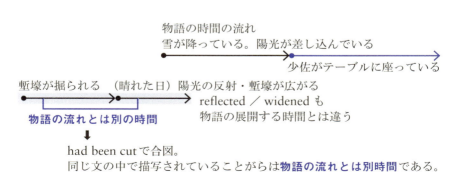

227

過去完了形は「ここから時間を遡ります！」という合図です。時間を遡ることで、そこで語られ、描写される出来事は、ストーリーの本流から切り離されます。さらに、同じ文の中にあるreflectedやwidenedという動詞の過去形も、ストーリーの本流から切り離された事柄であって、物語の世界の「いま」を表しているのではありません。ここで、押さえておかなければならないことは、小説中の過去形には二つの役割があり、一つは物語の世界の「いま」を表すもの、もう一つは**物語の進行する時間とは切り離されているが、関連していることがら**を表すものです。

　この二種類の描写についてきちんと読み取れるようになる必要がありますので、"Cat in the Rain"を使ってもう一度確認をしておきます。どこが物語の「いま」で、どこが「物語の進行とは離れた出来事の描写」に当たるのかを考えてみてください。

There were only two Americans stopping at the hotel. They did not know any of the people they passed on the stairs on their way to and from their room. Their room was on the second floor facing the sea. It also faced the public garden and the war monument. There were big palms and green benches in the public garden. In the good weather there was always an artist with his easel. Artists liked the way the palms grew and the bright colors of the hotels facing the gardens and the sea. Italians came from a long way off to look up at the war monument. It was made of bronze and glistened in the rain. It was raining.

　最初に、登場人物である二人のアメリカ人、場面設定としてのホテルが導入されます。「ホテル」→「二階の海に面した部屋」→「公園、戦争記念碑に面している」とだんだんと具体的にどのようなところにホテルがあるのか、その周りには

何があるのかという説明がなされています。

　そして、in the good weather「天気がよい日には」から物語の進行する時間軸からずれ始めます。前置詞のinには「条件」を表す役割があります。こうした条件を表す副詞句が文頭に来ることが「物語の進行する時間と切り離すよ！」という合図となるのです。

　そして、「戦争記念碑を見に来るイタリア人がいる」「その記念碑はブロンズでできている」というところまでは、物語の進行する時間とは関係なさそうなことになっているのですが、それが、次のglistened in the rain「雨で光っていた」という描写から、だんだんと物語の進行する時間、つまり、ホテルに滞在しているアメリカ人の話につながってきます。そして、It was raining.（「雨が降っていた」）というところで、**物語の「いま」に合流**します。

　物語は複数の時間軸（だけではなく複数の視点）を持ちながら、重層的に語られながら展開することがあります。このときに、「ここから、時間軸をずらすよ」とか「切り離すよ」という合図を送る役割を過去完了形や時や条件を表す語句が担います。いったんずれたところから、元の時間軸に戻すときにも、「戻すよ」という合図を読み取る必要があります。つまり、"Cat in the Rain"ではIt was raining.（雨が降っていた）という進行形の情景描写によって、物語の時間軸の軌道修正が行われます。また、"A Simple Enquiry"ではIt was late March.という時の表現で再び物語の「いま」に合流させています。

小説の地の文

過去形　　▶▶　①物語の世界の「いま」を表す

　　　　　　　②物語の時間とは切り離されているが、内容的には関連することがらを表す

過去完了形　▶▶　物語の世界の「過去」を表す

小説中の過去完了のはたらき

再び"A Simple Enquiry"に話を戻します。次の文中の過去形と過去完了が表していることがらについて考えてみましょう。

> Around the major's eyes <u>were</u> two white circles where his snow-glasses <u>had protected</u> his face from the sun on the snow.

この文で用いられている時制を整理すると、以下のようになります。

過去形　→ 少佐の目の周りにはゴーグルの日焼け跡がある。〈物語の「いま」〉
過去完了 → その日焼け跡がついた理由の説明。〈「いま」から見た過去の出来事〉

通常、因果関係を表すときには接続詞のbecauseやsinceなどを用います。ですが、ここの文のように、過去形と過去完了形を一つの文の中に入れて、一つの時間軸での前後関係を示すことで原因（過去完了で表される部分）と結果（過去形で表される部分）を表すことができます。つまり、小説の中での過去完了のはたらきとして、**因果関係も表すことができる**ことを知っておくとよいでしょう。

地の文に現在形が使われる二つの理由

さらに物語を読み進めていきましょう。少佐は日焼けして水ぶくれになったところにオイルを塗り終えます。そして、部下の副官にI'm going to take a little sleep.（少し寝る）と言い、オイルの入った小皿を持って寝室として使っている部屋に入っていきます（少佐は部屋に戻ってもすぐに眠ることはありませんでした。なぜ、少佐はここで寝ると言ったのか、そして、なぜ寝ないでピニンを呼びつけたのか、を考えると面白いです）。そこで次のような一文が出てきます。

> In that army an adjutant <u>is</u> not a commissioned officer.

この文は現在形で書かれていますね。過去形で語られる小説の地の文（会話文ではないところ）に現在形が出てくることはしばしばあります。一つは登場人物の心の中をリアルに描写する技法として用いられる場合。これは**意識の流れを示すための技法**の一種です。もう一つは、**一般論**を示す場合です。ここでは、「ここでの陸軍は、副官は将校ではない」という内容が、一般論として語られています。

小説の地の文

過去形 ▶▶ ①物語の世界の「いま」を表す

②物語の時間とは切り離されているが、内容的には関連することがらを表す

過去完了形 ▶▶ 物語の世界の「過去」を表す

現在形 ▶▶ ①登場人物の意識や行動をリアルに表す

②一般論を表す

┃ 登場人物の発言と「心の中の声」の表し方 ┃

この物語ではもう一箇所だけ地の文に現在形が使われているところがあります。物語の一番最後、The little devil, he thought, I <u>wonder</u> if he lied to me.です。本来ならheで表わすべきところなのですが、主語にIを置き、wonderという動詞の現在形を用い、少佐の**心の中の声**がリアルに描写されています。三人称で語られていた小説の地の文に突然、一人称の主語が登場したことに違和感を感じてください。この違和感がポイントになります。

では、この少佐の心のつぶやきは一体何を意味しているのでしょうか？ かなり意味深な発言です。このように、現在形で示されている部分は、**じわりと読者の目の前に浮かび上がってくるような効果**があります。

もう少し、専門的に解説をしていくことにします。この文を二つに分けて考えてみましょう。

(1) The little devil, he thought. は、少佐が心の中の声で「小悪魔め」と思ったという描写です。つまり、"The little devil," he said in his heart. という感じですね。

(2) I wonder if he lied to me. は少佐の心の中の声をリアルに表しているとこれまで説明してきました。これは小説の地の文であるため、過去形が原則なので、本来は He wondered if Pinin had lied to him. のようになるはずです。しかし、ここでは現在形になっています。

発言を描写する表現（話法）のバリエーション

例えば、「ある女性がメルボルンにいることが好きだ」という内容の発言は、次のような形で表すことができます。

A. She said that she liked it there in Melbourne. 〈間接話法〉
（彼女はメルボルンにいるのが好きだと言った）

B. She said, "I like it here in Melbourne!" 〈直接話法〉
（「メルボルンにいるのは好きよ！」と彼女は言った）

C. I like it here in Melbourne! 〈自由直接話法〉
（メルボルンにいるのは好きよ！）

D. She liked it there in Melbourne! 〈自由間接話法〉
（彼女はメルボルンにいるのが好き！）

E. She expressed her pleasure at being in Melbourne. 〈語り手による発話の報告〉（彼女はメルボルンにいる喜びを表した）

F. She liked Melbourne. 〈語り手の報告〉
（彼女はメルボルンが好きだった）

これまで多くの参考書では、間接話法、直接話法、描出話法として分類されてきたものを、さらにここでは細かく見ていくことにしましょう。**A** の「間接話法」

Ch.5 A Simple Enquiry

(Indirect Speech）は、登場人物の女性が実際に口に出して言った言葉をそのまま伝えてはいません。語り手の視点から、彼女の言葉・発話内容を捉えて語り手の言葉で伝える形式となっています。この形式の文は、主節と従属節内の動詞の時制が過去形で統一され、"she"という代名詞、すなわち実際に発話した女性を三人称で記述しているところから、語り手の声を強く感じさせるものです。加えて、指示表現の"there"もこの女性寄りの視点からではなく、**語り手寄りの視点**であるということを示しています。

B の「直接話法」（Direct Speech）は、引用符が用いられていることが特徴です。被伝達部（"I like it here in Melbourne!"）は直接引用の形で、女性が発話したと考えられる内容が再現されて伝達されています。主節は語り手の時制である過去時制が用いられていますが、引用符に囲まれている被伝達部は**女性が語ったそのままの時制である現在形が用いられている**のです。そして、指示表現も女性の視点であるということを意味する"here"が用いられている。この形式は間接話法に比べて語り手よりも彼女自身の声を強く感じ取ることができます。

C の「自由直接話法」（Free Direct Speech）は、伝達動詞を含んだ節がありませんので、完全に**女性の視点から女性の言葉そのものが提示**されています。ここでの時制は現在形になっており、指示表現も"here"であり、すべて女性の視点を表す形式が用いられています。

D は「自由間接話法」（Free Indirect Speech）と呼ばれるものです。間接話法では語り手の言葉と登場人物による言葉が一つの文の中に存在していますが、自由間接話法は伝達節がないため、語り手よりも登場人物の言葉が押し出されてきます。自由間接話法は直接話法と間接話法の中間に存在し、**登場人物の主観的、心理的な描写へと移ってゆくための架け橋**のような形式の文体になっています。

E の文は「語り手による言語行為の伝達」（Narrative Reporting Speech Act）と呼ばれるものです。彼女の言葉を語り手自身の言葉に置き換えて報告しています。そのため、彼女が言った言葉そのものについての一字一句きちんと述べられることなく、**発話内容を語り手の視点から要約して報告する形式**となっているのです。

彼女が発話したということすら報告せずに、語り手が自分自身の言葉として伝達する形式がFの「語り手による報告」です。EやFのような文は、語り手の視点からの報告となっていると言えるでしょう。

ここまでは、実際に登場人物が口に出していった言葉をどのように描写するかという技法の説明でした。これらに加えて、小説の世界には独特な描写方法があります。それは、登場人物の心の中の声、すなわち、**頭（心）の中で思ったり、言っているだけで実際には口からは出てこないものを描写する技法**です。たとえば、「そのとき、スミス夫人は、若い娘の服装を見て<u>なんてだらしない人なんだろうと不審に思った</u>」というような表現です。私たちは目の前にいる人が、何をどのように考え、そしてどう思っているのかについてわかりません。ですが、小説は誰がどのように考えているのか、どう思っているのかについて、描き出すことができ、また読者は知ることができるのです。

▌登場人物の「心の中の声」の表し方 ▌

話法と同様に、ある女性がメルボルンにいるのが好きだという内容を考え、思ったとすると、話法のA〜Fに対応するものとして、次のような文（G〜L）を挙げることができます。

G. She thought that she liked it there in Melbourne. 〈間接思考〉
（彼女は、メルボルンにいるのが好きだと思った）

H. She thought, "I like it here in Melbourne!" 〈直接思考〉
（「メルボルンにいるのは好きよ！」と彼女は思った）

I. I like it here in Melbourne! 〈自由直接思考〉
（メルボルンにいるのは好きよ！）

J. She liked it there in Melbourne! 〈自由間接思考〉（彼女はメルボルンにいるのが好き！）

K. She thought of her pleasure at being in Melbourne. 〈語り手による思考の報告〉（彼女はメルボルンにいる喜びを頭の中で思った）

Ch.5 A Simple Enquiry

L. She liked Melbourne.〈語り手による報告〉
（彼女はメルボルンが好きだった）

G は「間接思考」（Indirect Thought）と呼ばれるもので、全知の語り手が登場人物の頭の中で思っていることを伝達するものです。間接思考の特徴は間接話法とほぼ同じですが、伝達節内では、think / ponder / wonder など、**思考や認識を表す動詞**が用いられます。

H の「直接思考」（Direct Thought）は伝達節の動詞部分には間接思考と同様、思考内容を表現する動詞が用いられます。引用符で囲まれた部分には登場人物が**考えたり、思ったことがそのまま入ります**。また、この引用符はときどき省略されることもあります。

I の「自由直接思考」（Free Direct Thought）は、登場人物が実際に考えたり、思ったことが**そのままの形**で提示されます。そこでは、語り手の時制である過去時制ではなく、現在形が使われることがあります。また、通常であれば "she" にしなければならない代名詞も "I" となります。

J の「自由間接思考」（Free Indirect Thought）は、自由直接思考とは主語や時制、指示語の部分で異なってきます。**K** の「語り手による思考の報告」（Narrative Reporting Thought Act）および **L** の「語り手の報告」（Narrative Report）は、それぞれ話法から類推ができると思います。

これらの描写方法のなかで。**自由間接話法**と**自由間接思考**の表現は特に三人称の小説を読む上でしっかりと理解をしておかなければならないところです。地の文の中に登場人物の内面を描き込まれていることを発見することができるのです。さらに、内的独白や意識の流れと呼ばれる小説の技法は自由直接話法や自由直接思考の表現が担います。

これらを踏まえた上で、"A Simple Enquiry" の最後の場面をもう一度確認してみましょう。

235

(1) The little devil, he thought, (2) I wonder if he lied to me.

（1）The little devil, he thought. は**直接思考**の表現になっています。そして、(2) I wonder if he lied to me. は**自由直接思考**の表現になっているため、少佐の心の中の声が私たちに聞こえてくるということがわかりますね。

　こうした描写技法の細かい部分まではあまり学校の授業では扱われていませんが、おそらく**「描出話法」として学んだ方もいらっしゃると思います**。ぜひお手持ちの文法書をご覧ください。なお、巻末にお勧めの文法書をリストアップしてあります。

▌現在完了と現在形の違い▐

　少佐とピニンの間に次のようなやりとりがありました。

"You are nineteen?" he asked.

"Yes, *signor maggiore*."

"You have ever been in love?"

"How do you mean, *signor maggiore*?"

"In love—with a girl?"

"I have been with girls."

"I did not ask that. I asked if you had been in love—with a girl."

"Yes, *signor maggiore*."

"You are in love with this girl now? You don't write her. I read all your letters."

"I am in love with her," Pinin said, "but I do not write her."

　少佐がピニンに対して「一九歳だな？」と現在の年齢について尋ねている部分は、当然、現在形で示されています。そして、次の少佐の発話部分はYou have ever been in love?と現在完了になっています。現在完了は過去のある時点から現

時点までの間に何かが存在していたり、生じたりしたことを表します。一般的に現在完了が表す意味は「完了・結果」「経験」「状態の継続」に分類されます。「現時点に至るまで」というイメージを持って読むとわかりやすくなるかもしれません。

　少佐の発言に戻って考えてみましょう。have been in love となっていますので、少佐はピニンの「恋愛経験」を聞いています。ピニンの答えは現在完了を用いて I have been with girls. となっています。こちらは「現時点に至るまで女の子たちと親しくなったことがある」という意味ですね。ここで少しだけ脇にそれて、be in love with ... と be with ... の違いについて説明しておきます。be in love with ... は「単に誰かが好きである」ということを意味しますが、be with ... は親しくしている場合も含まれます。

　続けて少佐は、ピニンに対して I did not ask that. I asked if you had been in love—with a girl. と言います。この発話には過去形と過去完了が使われています。これは会話文の中ですので、「小説内の過去形は現在」というルールは当てはまりません。先ほど自分が聞いた質問について言及するため、過去形で did not ask と言っているのです。そして、少佐が聞いている時点（過去形）よりも前の出来事として、「女性に恋をしたことがあるか」を聞いているため、if 節の中は過去形を使わずに、一つ前の時を表す過去完了が用いられています。

　最後に、ピニンが I am in love with her と現在形で現在の状態を伝えています。現在完了であれば、「恋をしたことがある」と言っていながらも、今は恋をしていない可能性も含まれます。このように、今現在の事柄や様子を表す際には現在形が用いられます。

　現在形の用法について以下に簡単にまとめておきます。

❶ 当分変わることのない事実を表す

　　例：The sun rises in the east.（太陽は東から昇る）

❷ 習慣を表す

例：He drinks and smokes.（彼は酒もタバコもやる）

❸ 現在の状態を表す（知覚動詞、思考動詞）

例：I feel dizzy.（めまいがしています）

例：I hear someone is coming.（誰かが来るのが聞こえます）

例：I know him.（彼を知っています）

→ 過去や未来とは関係なく、今現在の状態のみに焦点を当てています。

❹ スポーツの実況で使われる現在形

例：Now Endo drives forward here and looks at a good position but straightaway strong grip baits Ichinojo. He still maintains the grip. He's a powerful man.（さて、遠藤、寄って良い体勢をとりました。そこですかさず、逸ノ城をがっしり掴んでいます。まだがっちりと掴んでいます。かなりの力ですね）

→ 眼前の動作を実況する場合には現在形が好まれます。

❺ 歴史的現在

例：The seven o'clock news says that it's going to be cold.
（7時のニュースで今日は寒くなると言ってた）

→ 過去の事実を**あたかも眼前で起きているように表現する**ために現在形を使うことがあり、sayやtellといった伝達動詞を現在形で使う例が多くあります。しかし、この歴史的現在の考えを過去形で書かれた小説に出てくる現在形として考えることも出来ます。いわゆる自由直接話法や自由直接思考がそれにあたります。登場人物の動きや意識の内奥をリアルに描写する役割を持っていることが「あたかも眼前で起きているような効果を持たせる」という歴史的現在の考え方と共通しますね。

❻ 行為遂行文としての現在形

例：I promise to rebuild our military and secure our border.
（我が軍を立て直し、我々の国境を強固なものにすると約束します）

→　行為遂行文という言葉はあまり聞き慣れない言葉だと思います。私たちの言葉にはいろいろな役割があり、その一つに**「文を発することで、その発している内容が実現される」**というものがあります。上記の例は、「約束する」と米国大統領がtweetしたものなのですが、その瞬間に、約束が遂行されることになります（政治家のpromiseは信じられるかどうかは別としてですが）。

　例えば、結婚式で次のような場面に遭遇すると思います。

A: Do you take this man as your lawfully wedded husband?
（あなたはこの人を夫とすることを誓いますか？）

B: I *do.* （誓います）

　I doと言った瞬間に、その誓いは実行に移されることになります。行為遂行文では、他にも、以下のような動詞が用いられることがあります。

I name this ship the Queen Elizabeth.
（この船をクイーン・エリザベス号と命名する）

I guarantee that you will not regret buying this.
（これを買って後悔させません）

I pronounce you man and wife.
（ここにあなた方が夫婦であることを宣言します）

I apologize for it. （そのことについて謝罪いたします）

I admit my fault. （私の誤りを認めます）

Thank you for your help. （手伝ってくれてありがとう）

　このように、約束、誓い、命名、保証すると言葉に表すと、それが実行されます。そして、この形式で頻繁に使われる動詞があり、それらを**「行為遂行動詞」**

と呼びます。

❼ 確定した未来のことがらを表す。

　　例：I leave London tomorrow.（明日ロンドンを発ちます）

→ 確定した未来のことがらで、ほぼ100パーセント実行されることを表します。leaveは行為遂行動詞ではないのですが、明日よほどのことがない限りロンドンを発つということを言っていますので、これも行為遂行的と考えてもよいのかもしれません。

❽ 時や条件を表す副詞節内での現在形で未来を表す。

　　例：As soon as I finish my homework, I will go out.（宿題が終わったらすぐに出かけるつもりです）

→ 宿題が終わるという出来事は未来に生じることですが、as soon as I will finishとしません。これは、「時（when, till, after, as soon as）や条件（if）を表す副詞節の中ではwillやshallを使わずに、現在形で表す」というルールですね。

　このルールについて、少しだけ説明をさせてください。実は、古い時代の英語には、未来の事柄も現在形で表していました。つまり、現在形と過去形、仮定法過去の形しかなかったのですが、徐々にラテン語の文法を取り入れて英語を整備したときに、動詞の部分で時を表すことになったのです。当時は現在形で書かれていても、時を表す副詞や文脈などで、未来のことか、そうでないのかがわかりました。こうした形の名残が、「確定した未来のことがらを表す」というものになっています。この約束事に従うと、時の副詞節も「…した後で」というような未来を表すような意味も備えていることから、その中の動詞は現在形でも大丈夫ですね。しかし、I don't know when he will come back.（私には彼がいつ帰ってくるのかわからない）という名詞節のwhenには未来を明示するwillを用いています。彼が帰ってくる時は不確定なことがらです。これも古い時代の英語では不確定の要素は動詞の原形を用い、仮定法現在の形になっていました。それが、徐々に助動詞を伴うようになりました。この名残がsuggest「提案する」、request「要求す

る」、insist「主張する」という動詞の後ろにthat節をとったとき、その中の動詞を原形または〈should＋原形〉にするというルールに見られます。この原形が、不確定の要素がある未来のことを表す仮定法現在です。ですので、その後に変化してshouldが使われるようになったのです。原形で表す古い形の英語がアメリカに渡り、そのままアメリカ英語として定着し、その間、ブリテン島の英語に変化が訪れshouldを使うようになったわけです。

　時や条件を表す副詞節は、接続詞が未来志向なものであるため、その節の中の動詞は現在形にするという、古い英語の規則に従っているということがここでわかったと思います。

"A Simple Enquiry"の両義的世界を読む

作品解説

　小説は時として、表面で見せる物語とは別に、水面下で全く別の物語である場合があり、どちらが本当の物語か判定不可能なことがあります。ヘミングウェイは「氷山理論」と呼ばれる、描く対象の八分の七を水面下に隠す省略的な創作方法を用いて、そのような小説を多く書いています。そうしたどちらの読みが正しいのか判定しがたい両義的な小説においては、登場人物の言葉のみならずその身体的動作を注意深く観察し、見極める必要がでてきます。この物語はまさにその部類に属しています。

　多くの研究は、この作品を「軍隊生活の堕落」や「ホモセクシュアリティ」（同性愛指向）の物語と解釈してきました。実際に、男性しか登場しないこの軍隊小説は、まず少佐の指と顔の部位の動作を伴うエロティックなイメージを見せ、その後に同性愛者のイメージを投影していきます。少佐が従兵ピニンに性愛の指向性を確認するために「確かに女の子が好きなんだな」と質問し、ピニンは「確かです」と二度答えますが、続いて少佐が「お前の本当の欲望は本当のところ…」と言うと、目線を下げて黙り込んでしまいます。その寡黙な視線の動きを同意と受け取れば、これを「ホモセクシュアリティの物語」として読めるでしょう。

　しかしこの小説が巧妙なのは、それが単なる「ホモセクシュアリティの物語」で片づけられない点です。上官による部下への「セクハラ・パワハラの物語」としても読むことができるのです。導入部の少佐のエロティックな動作は、セクシャルな先入観を読み手に植えつけるためのカメラ的手法であり、ホモセクシュアリティを示す根拠とはなりません。また少佐がピニンの性的指向性を確認するために「堕落していないんだな」と繰り返し質問しますが、ピニンは女性が好きだと毅然と答えていますし、視線を床に下げたのは上官の勢いをどう処理すべきか困ってしまったからだとも推察できます。また現実世界の各国の軍隊において、ホモセクシャルの人々が排除されていることが問題にもなるように、少佐の尋問めいた質問も排除のための業務上のやりとりでしかないとも言えるのです。このようにこの小説は、水面下における複数の読みが可能であると言えるでしょう。

Chapter 6
The Light of the World

話の舞台は北ミシガン。一七歳の「僕」と一九歳のトムがバーに入っていきます。と、そこには異様な雰囲気が。ビールを頼み、無料のおつまみの入ったボウルに手を伸ばすトム。バーテンダーは蓋を閉め、よそ者である彼らを睨みつけます。緊迫した雰囲気の中、バーテンダーが二人に悪態をつき、出て行けと言います。彼らはバーを出て、駅に向かいます。そこの待合室で、汽車を待つ五人の娼婦、六人の白人、そして四人のインディアンと出会います。美しい声だが、三五〇ポンド（約一六〇キロ）を超える巨漢の娼婦ともう一人の娼婦が、過去の自分の恋愛を巡り、口論をしているのをずっと聞いている「僕」とトム。「僕」は巨漢の娼婦に見とれています。

この世の光

　僕らがドアから入ってくるのが見えると、バーテンダーは目線を上げ、手を伸ばして二つの無料のおつまみのボウルにガラスの蓋をした。
　「ビールをください」と僕は言った。彼はビールを注ぎ、へらで泡を切ったものの、グラスは手に握ったままだった。僕が五セント硬貨を木製のカウンターに置くと、彼はビールを僕の方へと押し滑らせた。
　「そっちはなんだ」と彼はトムに聞いた。
　「ビールだ」
　バーテンダーは同じビールを注ぎ、泡を切り、お金が見えるとトムの方まで押し滑らせた。
　「何が気に食わないんだ」トムは聞いた。
　バーテンダーは何も返事をしなかった。彼は僕らの頭越しに視線をやると、「何を飲むんだ」と、店に入ってきた男に聞いた。
　「ライのウィスキー」とその男は言った。バーテンダーはボトルとグラスと水の入ったグラスを並べた。
　トムは手を伸ばし、無料のおつまみのボウルのガラスの蓋を外した。それは豚足の酢漬けが入ったボウルだった。そこには木製のハサミのような道具が置かれていた。先端にそれを掴むための木のフォークがついていた。
　「ダメだ」と言って、バーテンダーはボウルにガラスの蓋をした。トムは木製のハサミを握ったままだった。「戻せ」とバーテンダーは言った。
　「自分で戻せるだろ」とトムは言った。
　バーテンダーはカウンターの下に真っすぐ手を伸ばし、僕ら二人を睨みつけた。僕が木製のカウンターに五十セントを置くと、彼は体を起こした。
　「あんたのはなんだったかな」と彼は言った。
　「ビールさ」と僕は言った。そして彼はビールを注ぐ前に、二つのボウルの蓋を外した。
　「お前のとこの豚足は悪臭がするな」とトムは言い、口の中にあったものを

床に吐きだした。バーテンダーは何も言わなかった。ライを飲んだ男は勘定を済ませ、振り返りもせずに出ていった。

「臭いのはお前だ」とバーテンダーは言った。「お前らクソガキはみんな臭いんだよ」

「俺らがクソガキだとさ」とトミーが僕に言った。

「ねぇ」と僕は言った。「もう出ようよ」

「お前らクソガキはここからとっとと出ていけ」とバーテンダーは言った。

「ここから出ていくってこっちから言ってるけどね」と僕は言った。「あんたに言われてそうする訳じゃない」

「また戻ってくるからな」とトミーは言った。

「いいや、戻ってこなくていい」とバーテンダーは彼に言った。

「こいつがどれだけアホなことを言ってるか聞かせてやれよ」とトミーは僕の方を向いた。

「もういい加減して出よう」と僕は言った。

外はもう真っ暗になっていた。

「ここはどんな町なんだ」とトミーは言った。

「わからないよ」と僕は言った。「駅まで行ってみようよ」

僕らはその町の端から入って、その反対側から出ていくつもりだった。その町では皮革となめし用タン皮、そして高く積まれたおがくずの匂いがした。僕らが町に入ると、外は暗くなり始め、今やすっかり暗くなっていたために、外は寒く、道にあるいくつもの水たまりの縁が凍りつつあった。

駅舎では五人の娼婦が汽車の到着を待ち、さらに六人の白人男達と四人のインディアンらがいた。駅舎は混み合っていて、ストーブの熱気で暑く、むっとする煙で充満していた。僕らが入ると、誰も話しておらず、切符売場の窓口は閉まっていた。

「ドアを閉めてくれないか」と誰かが言った。

僕は誰がそう言ったのかを探そうと視線をやった。その声は白人男のうちの一人だった。彼は、裾が短くカットされたズボンに、木こりの男たちの履くゴ

ム靴と、他の連中と同じウールのシャツを着ていたが、帽子はかぶっていなかった。顔は白く、手も白くほっそりとしていた。

「閉めないのか？」

「閉めるさ」と僕は言って、ドアを閉めた。

「ありがとな」と彼は言った。他の男たちのうちの一人が鼻で忍び笑いをした。

「コックとじゃれ合ったことはあるかい？」と彼は僕に聞いてきた。

「ないよ」

「じゃあこの男とじゃれてもいいんだぜ」と彼はコックを見た。「こいつはそういうことが好きなんだよ」

コックは唇を固く結んだまま、その男から視線を反らした。

「そいつは両手にレモンの絞り汁をつけてやがるんだぜ」と男は言った。「こいつはどんなことがあっても皿洗いをした水には手をつっこまないのさ。どれだけ手が白いか、見てみろよ」

娼婦の一人が大声で笑った。彼女は僕の人生で見かけた中でも最も巨体の娼婦だった。また、見たこともないほどの巨体の女性だった。彼女は色合いが変化するシルクのワンピースを着ていた。他に同じくらい巨体の娼婦が二人いたが、大きい方は三五〇パウンド *1 はあったはずだ。実物を見ても、彼女が実存在だとは信じられなかった。三人とも例の色合いの変化するシルクのワンピースをそれぞれ着ていた。彼女たちはベンチに横並びに座っていた。三人はとにかく大きかった。他の二人はごく普通の見ための娼婦で、ペロクサイド *2 で金髪に脱色した女たちだった。

「こいつの手を見てみろよ」とその男は言って、コックの方をあごで指した。巨体の娼婦は再び笑い、身体を大きく揺らした。

コックは彼女の方を向き、すぐさま「このバカでかいむかつく肉の塊りが」と言った。

彼女はひたすら笑い続け、身体も揺らした。

「ああ、なんてことなの」と彼女は言った。彼女は綺麗な声をしていた。「なんてことなのかしら」

あとの二人の巨体娼婦らは何も感受していないかのように、とても静かに落ち着いて振る舞っていたが、その二人は一番の巨漢娼婦と同じくらいの巨体だった。二人は軽く二五〇パウンド *3 くらいはあっただろう。残りの二人は堂々としていた。

男性のうち、コックとおしゃべりな男の他に、木こりが二人いた。一人は関心を寄せながらも内気そうに話に聞き入り、もう一人は何か言いだそうとしているようだった。残りの二人はスウェーデン人だった。二人のインディアン男がベンチの端に座りこんでいて、もう一人は壁に寄りかかっていた。

何か言いだそうとしていた男は、とても低い声で僕に話しかけてきた。

「あいつらだったら、まるで干し草の上に乗っかるようなもんだろうな」

僕は笑ってトミーにそれを伝えた。

「神に誓ってこんなとこ来たことないぜ」と彼は言った。「あの三人を見てみろよ」。するとコックが話しかけてきた。

「君らはいくつだい」

「俺は九六で、こいつは六九だね」とトミーは言った。

「おや、まぁまぁまぁ」と巨体の娼婦は微笑み身体を揺らした。彼女は実に綺麗な声をしていた。他の娼婦達は笑みを浮かべなかった。

「おや、礼儀正しくできないのか?」とコックは言った。「俺は仲良くなろうと声をかけただけなのにさ」

「僕らは十七と十九だよ」と僕は言った。

「お前、いったいどうしたんだよ?」とトミーは僕に向かって言った。

「これくらい問題ないよ」

「私のことアリスって呼んで」とその巨体の娼婦が言うと、再び身体を揺らしだした。

「それがお前の名前なのか?」とトミーは聞いた。

「そうよ」と彼女は言った。「アリス、そうよね?」と彼女はコックの横に座っていた男の方を向いた。

「アリスだ、そうだとも」

「お前の名前はそんなところだろうよ」とコックは言った。

「それが私の本名よ」とアリスは言った。

「他の女どもの名前は？」とトムは聞いた。

「ヘイゼルにイーセルよ」とアリスは言った。ヘイゼルとイーセルが微笑んだ。彼女たちはあまり利口ではなかった。

「君の名前は？」と僕は金髪女性の一人に言った。

「フランシス」と彼女は言った。

「フランシス、何？」

「フランシス・ウィルソンよ。だからなんなのよ？」

「君の名は？」と僕はもう一人の金髪女性に言った。

「なれなれしくしないで」と彼女は言った。

「こいつはみんなと仲良くしたいだけさ」とおしゃべりな男が言った。「友達になりたくないのか？」

「なりたくないわ」とペロクサイドで金髪に脱色した女が言った。「あんたたちとはね」

「こいつはつまらんキレやすい女さ」とその男は言った。「よくいるブチキレ女だね」

金髪の女はもう一人の女と目を合わせ、首を振った。

「どうしようもない野暮な連中ね」と彼女は言った。

アリスは再び笑いはじめ、身体を大きく揺らした。

「何がおかしいんだ」とコックは言った。「お前らみんな笑ってるが、おかしなことなんて何もないぞ。そこの若者ふたり、お前らはどこに行くんだ？」

「そっちこそどこに行くんだ？」とトムは聞いた。

「俺はキャデラックに行きてぇんだ」とコックは言った。「お前はそこに行ったことあるか？ 俺の妹はそこに住んでるのさ」

「こいつ自身、女みたいなもんさ」と裾の短いズボンの男が言った。

「そういうのやめてくれよ」とコックが頼んだ。「まともに会話させてくれよ」

「キャデラックはスティーヴ・ケチェルとアド・ウォルガストの出身地だよな」

と照れ屋の男が言った。

「スティーヴ・ケチェル」と金髪の女の一人がまるで何かに煽られたような高い声で言った。「ケチェルは実の父に撃ち殺されたのよね。なんてこと、自分の父に。スティーヴ・ケチェルみたいな男はもういないわ」

「彼の名前はスタンリー・ケチェルじゃなかったか？」とコックは言った。

「もう、うるさいわね」とその金髪の女は言った。「あんたはスティーヴの何を知ってるの？ スタンリーだって？ 彼はスタンリーなんかじゃないわ。スティーヴ・ケチェルはこの世で一番洗練された美しい男だったわ。スティーヴ・ケチェルほど清く、色白で、美しい男は見たことがないわ。そんな男いたことがないわ。彼は虎のように駆け回って、お金を惜しみなくばらまく最上位の男だったわ」

「彼と知り合いだったのか？」と男の一人が聞いた。

「彼と知り合いだったかって？ 彼と知り合いだったかって？ 彼を愛していたかって？ そんなことを私に聞くわけ？ これ以上誰かを知り尽くせないってくらい彼のことを知っていたし、神を愛するみたいに彼のことを愛していたわ。スティーヴ・ケチェルって最も偉大で、洗練されてて、色白で、最も美しい男だったの。それなのに、彼は実の父親にまるで野犬のように撃ち殺されてしまったの」

「彼と一緒にそっちに行ってたのかい？」

「いいえ。私はその前に彼と付き合っていたの。私が愛したのは彼だけよ」

ひどく芝居じみた様子でそれを語るペロクサイドの金髪女の言うことに皆が一目置く一方で、アリスは再び身体を揺らし始めていた。僕は彼女の近くに座ったからこそ、それがわかった。

「彼と結婚すればよかったのに」とコックが言った。

「彼の経歴に傷をつけるようなことはしたくなかったの」とペロクサイドの金髪女が言った。「彼の足手まといにはなりたくなかったの。妻なんて彼には必要なかったのよ。ああ、なんて男気のある男だったのかしら」

「それは随分と立派なものの見方だこと」とコックは言った。「だけど、ジャッ

ク・ジョンソンが彼をノックアウトしなかったっけ？」

「あれはイカサマだったのよ」とペロクサイドが言った。「あの黒人男、彼に不意打ちを食らわせたのよ。彼はあのでかい黒人野郎のジャック・ジョンソンをダウンさせたのよ。あの黒んぼが彼を倒せたのはまぐれよ」

駅舎の切符売場の窓口が開き、三人のインディアンたちがそこに向かった。

「スティーヴが奴をダウンさせたのよ」とペロクサイドが言った。「そのとき、彼は私に振り向いて微笑んだんだから」

「西海岸には行っていなかったとさっき聞いたように思うが」と誰かが言った。

「私はその試合だけは行ったのよ。スティーヴが私に振り向いて微笑んでしまったから、ろくでもないあの黒んぼが飛び上がって彼に不意打ちを食らわせたの。スティーヴだったら、あの黒んぼ野郎百人だって倒せたわよ」

「あいつは凄いボクサーだったよ」と木こりが言った。

「神に誓って、そうだったわ」とペロクサイドは言った。「神に誓って、あんなボクサーはもういやしないわ。彼は神様みたいだったわ、ほんとに。真っ白で、清く美しく、動きは滑らかで敏捷で、まるで虎か雷のようだったわ」

「その試合の映画で彼を見たことがあるよ」とトムは言った。僕らは皆たいそう感動していた。アリスは再び身体を揺らしだしたので、彼女を見てみると泣いているのがわかった。インディアンらは外のプラットホームに既に出てしまっていた。

「彼はどんなに素敵な旦那よりもいい男だったわ」とペロクサイドは言った。「私たちは神の前では夫婦も同然で、今もこれからもずっと私は彼のものだし、私のすべては彼のものなの。私の身体なんてどうだっていいの。男たちが私の身体を奪ってもいいわ。だけど、私の魂はスティーヴ・ケチェルのものなの。神に誓って、彼こそ本物の男だったわ」

皆がひどく感化されていた。悲しく、身の置きばがなかった。すると身体を揺らしていたアリスが言い放った。

「うす汚れた嘘つきね」と彼女は低い声で言った。「あんたは人生で一度だっ

てスティーヴ・ケチェルと寝たことがないし、自分でもそれを分かってるはずよ」

「なんであんたにそんなこと言えるの？」とペロクサイドは誇らしげに言った。

「本当だから言えるのよ」とアリスは言った。「ここにいる中じゃ私しかスティーヴ・ケチェルを知らないし、私はマンセローナ出身で彼とそこで知り合ったのよ。これは本当よ。本当なことくらい分かってるでしょ。嘘だったら、神様から雷を受けて殺されてもいいわ」

「私だって神様に殺されてもいいわ」とペロクサイドが言った。

「私の話は、本当に、本当に、本当なのよ、分かるでしょ。たった今でっちあげた訳じゃないのよ。彼が私に言ってくれた言葉だって正確に覚えてるわ」

「一体なんて言ったのよ」とペロクサイドは関心がなさそうに聞いた。

アリスは泣き、震えていたために、なかなか口をきけなかった。「彼は『アリス、お前は可愛い女だよ』って言ったの。まさにそう言ったのよ」

「嘘ね」とペロクサイドが言った。

「本当よ」とアリスが言った。「彼は本当にそう言ったのよ」

「嘘ね」とペロクサイドは誇らしげに言った。

「いいえ、本当よ、本当、本当なの、イエスとマリアに誓って本当よ」

「スティーヴがそんなこと言ったはずがないわ。彼はそんなしゃべり方しなかったわ」とペロクサイドはさも嬉しそうに言った。

「本当だもの」とアリスは例の綺麗な声で言った。「しかもね、あんたが信じようが信じまいが、私にはどうでもいいわ」。彼女は既に泣き止んでいて、落ち着いていた。

「スティーヴがそんなことを言ったなんて、あり得ないわ」とペロクサイドが言い放った。

「彼はそう言ったのよ」とアリスは言い、微笑んだ。「しかも彼がそう言ったのを覚えているし、その当時私は彼の言う通り、確かに可愛らしい女だったし、今だってあんたよりもましな人間だわ。あんたは干からびた湯たんぽね」

「あんたなんかに侮辱させないわ」とペロクサイドは言った。「あんたみたいな膿で膨れあがった女にはね。私には思い出があるのよ」

「いいえ」とアリスはあの甘い声で言った。「あんたなんて卵管を摘出したこととコカインやマリファナを始めたこと以外に、はっきりとした記憶なんてありやしないわよ。その他すべては新聞で読んだだけよね。薬はやってないの。だから男は私を選ぶの、たとえ巨体でもね。それもお分かりね。それに、私は決して嘘をつかないのも知ってるでしょ」

「私の思い出にとやかく言わないで」とペロクサイドは言った。「私の本当の、素晴らしい思い出に」

アリスは彼女を見てから、僕らの方に振り向いた。先ほどまでの傷ついたような表情はなくなっており、微笑んだ。見たこともないくらいの微笑みだった。彼女は端正な顔、繊細で滑らかな肌、それに愛らしい声を持っていた。彼女はすごく素敵で、本当に人懐こかった。だが、それにしても彼女は巨体だった。女性三人分くらいの大きさはあった。僕が彼女を眺めているのに気づいたトムは「おい、もう出ようぜ」と言った。

「さようなら」とアリスは言った。彼女は実に綺麗な声をしていた。

「さようなら」と僕は言った。

「坊やらはどっちにいくんだい？」とコックが聞いた。

「お前とは逆の方向さ」とトムは彼に言った。

---

*1 およそ 160 キログラム　***2** 過酸化水素水。強い酸化性があり、脱色に使われる。peroxide blond を Google の画像検索をしてみると、どのような髪の色かがわかります。単なる金髪ではなく、白みがかったような色になります。　***3** およそ 100 キログラム

Ch.6 *The Light of the World*

1900年初頭のペトスキー駅。ペトスキーには、かつてヘミングウェイ家の別荘があり、この作品は当地をモデルに描かれているとも言われています。

253

文法に注意して
読みましょう

The Light of the World

①When he saw us come in the door the bartender looked up and then reached over and put the glass covers on the two free-lunch bowls.

②"Give me a beer," I said. ③He drew it, cut the top off with the spatula and then held the glass in his hand. ④I put the nickel on the wood and he slid the beer toward me.

"What's yours?" he said to Tom.

"Beer."

He drew that beer and cut it off and when he saw the money he pushed the beer across to Tom.

"What's the matter?" Tom asked.

The bartender didn't answer him. ⑤He just looked over our heads and said, "What's yours?" to a man who'd come in.

"Rye," the man said. ⑥The bartender put out the bottle and glass and a glass of water.

Tom reached over and took the glass off the free-lunch bowl. It was a bowl of pickled pig's feet and there was a wooden thing that worked like a scissors, with two wooden forks at the end to pick them up with.

"No," said the bartender and put the glass cover back on the bowl. Tom held the wooden scissors fork in his hand. "Put it back," said the bartender.

"⑦You know where," said Tom.

⑧The bartender reached a hand forward under the bar,

知は、現場にある。

光文社新書

Grammar Points

Ch.6 The Light of the World

ここ に 気 を つ け て 読 も う

① see と look の違いはわかりますか？

When he <u>saw</u> us come in the door the bartender <u>looked</u> up and then reached over and put the glass covers on the two free-lunch bowls.

② a beer となっているのはなぜでしょうか？

"Give me <u>a beer</u>," I said.

③ ここの drew の意味は何でしょうか？

He <u>drew</u> it, cut the top off with the spatula and ...

④ the nickel とは、何のことですか？

I put the <u>nickel</u> on the wood and he slid the beer toward me.

⑤ look over one's heads とは、どのような動作でしょうか？

He just looked over our heads and said, ...

⑥ バーテンダーが出したものは何でしょう？

The bartender put out the bottle and glass and a glass of water.

⑦ where の後には何が省略されていますか？

You know where.

⑧ なぜ look at ではなく watch が使われているのでしょうか？

The bartender reached a hand forward under the bar, <u>watching</u> us both.

NOTES

L.002	**free-lunch bowls** ▶ 無料のおつまみの入ったボウル
L.004	**cut the top off with the spatula** ▶ へらで泡を切る
L.014	**rye** ▶（ライ麦の）ウイスキー
L.017	**pickled pig's feet** ▶ 豚足の酢漬け

025　watching us both. I put fifty cents on the wood and he straightened up.

"What was yours?" he said.

"Beer," I said, and before he drew the beer he uncovered both the bowls.

030　"Your goddam pig's feet stink," ⑨Tom said, and spit what he had in his mouth on the floor. The bartender didn't say anything. ⑩The man who had drunk the rye paid and went out without looking back.

"You stink yourself," the bartender said. "All you punks stink."

035　"He says we're punks," Tommy said to me.

"Listen," I said. "Let's get out."

"You punks clear the hell out of here," the bartender said.

"I said we were going out," I said. "It wasn't your idea."

"We'll be back," Tommy said.

040　"No you won't," the bartender told him.

"Tell him how wrong he is," Tom turned to me.

"Come on," I said.

Outside it was good and dark.

"What the hell kind of place is this?" Tommy said.

045　"I don't know," I said. "Let's go down to the station."

We'd come in that town at one end and we were going out the other. It smelled of hides and tan bark and the big piles of sawdust. ⑪It was getting dark as we came in, and now that it was dark it was cold and the puddles of water in the road were freezing at the

050　edges.

256

Ch.6 The Light of the World

Grammar Points　　　　　　　　　　　ここ に 気 を つ け て 読 も う

⑨ whatの品詞は何でしょうか?

Tom said, and spit <u>what</u> he had in his mouth on the floor.

⑩ この文の主語と動詞は、それぞれ何でしょうか?

The man who had drunk the rye paid and went out without looking back.

⑪ it was getting darkとit was darkの違いは?

<u>It was getting dark</u> as we came in, and now that <u>it was dark</u> it was cold and the puddles of water in the road were freezing at the edges.

. . . .
N O T E S
. . . .

L.034　**punks** ▶(見下して) **ガキンチョたち、ガキども**

L.043　**good and dark** ▶**すっかり真っ暗で**
good and ...は強調のための表現です。

L.047　**hide** ▶**獣の皮**

L.047　**tan bark** ▶**タン皮**

⑫Down at the station there were five whores waiting for the train to come in, and six white men and four Indians. It was crowded and hot from the stove and full of stale smoke. As we came in nobody was talking and the ticket window was down.

"Shut the door, can't you?" somebody said.

I looked to see who said it. It was one of the white men. ❶He wore stagged trousers and lumbermen's rubbers and a mackinaw shirt like the others, but he had no cap and his face was white and his hands were white and thin.

"Aren't you going to shut it?"

"Sure," I said, and shut it.

"Thank you," he said. One of the other men snickered.

"Ever interfere with a cook?" he said to me.

"No."

"You can interfere with this one," he looked at the cook. "He likes it."

The cook looked away from him holding his lips tight together.

"He puts lemon juice on his hands," the man said. "He wouldn't get them in dishwater for anything. Look how white they are."

One of the whores laughed out loud. ⑬She was the biggest whore I ever saw in my life and the biggest woman. ⑭And she had on one of those silk dresses that change colors. ⑮There were two other whores that were nearly as big but the big one must have weighed three hundred and fifty pounds. You couldn't believe she was real when you looked at her. All three had those changeable silk dresses. They sat side by side on the bench. They were huge.

258

Ch.6 The Light of the World

Grammar Points　　　　　　　　　ここ に 気 を つ け て 読 も う

⑫ ここで there 構文が用いられている理由は？

Down at the station <u>there were</u> five whores waiting for the train to come in, and six white men and four Indians.

解釈のポイント ❶　→ p.291

このコックの描写から、どのようなことが読み取れますか？

He wore stagged trousers and lumbermen's rubbers and a mackinaw shirt like the others, but he had no cap and his face was white and his hands were white and thin.

⑬ 省略されている語を補ってみましょう。

She was the biggest whore I ever saw in my life and the biggest woman.

⑭ この on は、どのような意味でしょうか？

And she had <u>on</u> one of those silk dresses that change colors.

⑮ 省略されている語を補ってください。

There were two other whores that were nearly as big but the big one must have weighed three hundred and fifty pounds.

NOTES

L.053　stale ▶（匂いで空気が）ムッとした
L.057　stagged trousers ▶くるぶし付近まで裾上げされたズボン
ズボンの裾が引っ掛からないように裾の折り返しの部分を切り取った、木こり用のズボン。
L.057　mackinaw shirt ▶厚手のウールのシャツ
L.062　snicker ▶クスクス笑いながら言う
L.063　interfere with ... ▶…に（性的な）ちょっかいを出す
L.072　dress ▶ワンピース、ドレス

259

The other two were just ordinary looking whores, peroxide blondes.

"Look at his hands," the man said and nodded his head at the cook. The whore laughed again and shook all over.

The cook turned and said to her quickly, "You big disgusting mountain of flesh."

She just kept on laughing and shaking.

"Oh, my Christ," she said. She had a nice voice. "Oh, my sweet Christ."

The two other whores, the big ones, acted very quiet and placid as though they didn't have much sense, but they were big, nearly as big as the biggest one. They'd have both gone well over two hundred and fifty pounds. The other two were dignified.

⑯Of the men, besides the cook and the one who talked, there were two other lumberjacks, one that listened, interested but bashful, and the other that seemed getting ready to say something, and two Swedes. Two Indians were sitting down at the end of the bench and one standing up against the wall.

The man who was getting ready to say something spoke to me very low, "⑰Must be like getting on top of a hay mow."

I laughed and said it to Tommy.

"I swear to Christ I've never been anywhere like this," he said. "Look at the three of them." ⑱Then the cook spoke up.

"How old are you boys?"

"I'm ninety-six and he's sixty-nine," Tommy said.

"Ho! Ho! Ho!" the big whore shook with laughing. She had a

Ch.6 The Light of the World

Grammar Points　　　　　　　　　　ここ に 気 を つ け て 読 も う

⑯ この文に出てくる人物をすべて答えてください。

Of the men, besides the cook and the one who talked, there were two other lumberjacks, one that listened, interested but bashful, and the other that seemed getting ready to say something, and two Swedes.

⑰ この文のmustはどのような意味でしょうか?

Must be like getting on top of a hay mow

⑱ speakとspeak upの違いは?

Then the cook spoke up.

. . . .

N O T E S

. . . .

L.079　nod one's head at ...　▶あごをしゃくって…の方を指す

L.081　disgusting　▶うんざりさせる、不快な

L.087　placid　▶落ち着いた、おとなしい

L.089　dignified　▶堂々とした、どっしりと構えた、威厳のある

L.096　hay mow　▶干し草の山

really pretty voice. The other whores didn't smile.

"Oh, can't you be decent?" the cook said. "I asked just to be friendly."

"We're seventeen and nineteen," I said.

"What's the matter with you?" Tommy turned to me.

"That's all right."

"⑲You can call me Alice," the big whore said and then she began to shake again.

"Is that your name?" Tommy asked.

"Sure," she said. "❷Alice. Isn't it?" she turned to the man who sat by the cook.

"Alice. That's right."

"That's the sort of name you'd have," the cook said.

"It's my real name," Alice said.

"What's the other girls' names?" Tom asked.

"Hazel and Ethel," Alice said. Hazel and Ethel smiled. They weren't very bright.

"What's your name?" I said to one of the blondes.

"Frances," she said.

"Frances what?"

"Frances Wilson. What's it to you?"

"What's yours?" I asked the other one.

"Oh, don't be fresh," she said.

"He just wants us all to be friends," the man who talked said. "Don't you want to be friends?"

"No," the peroxide one said. "Not with you."

Ch.6 The Light of the World

Grammar Points　　　　　　　　　　　　　　こ こ に 気 を つ け て 読 も う

⑲ この can はどのような意味でしょうか？

You <u>can</u> call me Alice.

解 釈 の ポ イ ン ト ❷　→ *p.291*

「アリス」という名前から、どんなことをイメージできますか？

<u>Alice</u>. Isn't it?

....
N O T E S
....

L.104　decent ▸きちんとした、まともな、礼儀正しい

L.115　That's the sort of name you'd have ▸いかにもあんたの名前っぽい。

That's the sort of ... は「いかにも…だ」というニュアンス。さらに現在形で語られている場面において、一人称以外の主語の文中にwouldが使われると、推量を表し、「～だろう」という意味になります。

L.125　fresh ▸（男性が女性に）なれなれしく接して

263

"She's just a spitfire," the man said. "A regular little spitfire."

The one blonde looked at the other and shook her head.

"Goddamned mossbacks," she said.

⑳Alice commenced to laugh again and to shake all over.

"There's nothing funny," the cook said. "You all laugh but there's nothing funny. You two young lads; where are you bound for?"

"Where are you going yourself?" Tom asked him.

"I want to go to Cadillac," the cook said. "Have you ever been there? My sister lives there."

"He's a sister himself," the man in the stagged trousers said.

"Can't you stop that sort of thing?" the cook asked. "Can't we speak decently?"

"Cadillac is where Steve Ketchel came from and where Ad Wolgast is from," the shy man said.

"Steve Ketchel," one of the blondes said in a high voice as though the name had pulled a trigger in her. "His own father shot and killed him. Yes, by Christ, his own father. There aren't any more men like Steve Ketchel."

"Wasn't his name Stanley Ketchel?" asked the cook.

"Oh, shut up," said the blonde. "What do you know about Steve? Stanley. He was no Stanley. Steve Ketchel was the finest and most beautiful man that ever lived. I never saw a man as clean and as white and as beautiful as Steve Ketchel. There never was a man like that. He moved just like a tiger and he was the finest, free-est, spender that ever lived."

Ch.6 *The Light of the World*

Grammar Points　　　　　　　　　ここ に 気 を つ け て 読 も う

⑳ to shake all over は、何用法のto不定詞ですか？

Alice commenced to laugh again and <u>to shake all over</u>.

. . . .
N O T E S
. . . .

L.137　**Cadillac** ▶ キャデラック

ミシガン州の都市の一つ。

L.139　**He's a sister himself.** ▶ ＜ゲイ用語＞「こいつ自身がゲイ（おかま）なんだ」

L.148　**Stanley Ketchel**

Stanley Ketchel（1886年9月14日-1910年10月15日）、ポーランド系移民の白人ボクサー、ミドル級王者。1909年10月16日にカリフォルニア州コルマで黒人初のヘビー級王者であるJack Johnson（1878年3月31日-1946年6月10日）とヘビー級のタイトルをかけて対戦。スタンリーは12ラウンドでKO負けとなる。また、彼はトレーニングのために滞在していたミズーリー州の友人の牧場で雇われている料理人ゴールディ・スミス（Goldie Smith）とその内縁の夫であるウォルター・ディプレイ（Walter Dipley）によって射殺されます。ゴールディとウォルターは後に強盗殺人の罪で無期懲役刑に服します。この物語では、スタンリーではなく、スティーヴとされ、実の父親に殺されたと娼婦によって語られています。

265

"Did you know him?" one of the men asked.

"Did I know him? Did I know him? Did I love him? You ask me that? ⓐI knew him like you know nobody in the world and I loved him like you love God. He was the greatest, finest, whitest, most beautiful man that ever lived, Steve Ketchel, and his own father shot him down like a dog."

"Were you out on the coast with him?"

"No. I knew him before that. He was the only man I ever loved."

Every one was very respectful to the peroxide blonde, who said all this in a high stagey way, but Alice was beginning to shake again. I felt it sitting by her.

"You should have married him," the cook said.

"I wouldn't hurt his career," the peroxide blonde said. "I wouldn't be a drawback to him. A wife wasn't what he needed. Oh, my God, what a man he was."

"That was a fine way to look at it," the cook said. "Didn't Jack Johnson knock him out though?"

"It was a trick," Peroxide said. "That big dinge took him by surprise. ⓑHe'd just knocked Jack Johnson down, the big black bastard. That nigger beat him by a fluke."

The ticket window went up and the three Indians went over to it.

"Steve knocked him down," Peroxide said. "He turned to smile at me."

"I thought you said you weren't on the coast," some one said.

266

Ch.6 *The Light of the World*

Grammar Points　　　　　　　　　　　　　　　　ここ に 気 を つ け て 読 も う

㉑ これら二つの like の品詞は？

I knew him <u>like</u> you know nobody in the world and I loved him <u>like</u> you love God.

㉒ この He'd は何の略ですか？

<u>He'd</u> just knocked Jack Johnson down, the big black bastard.

N O T E S

L.161　coast　▶海岸

アメリカの場合「東海岸」もしくは「西海岸」を指しますが、ここでは歴史的事実から「西海岸」と考えます。

L.173　dinge　▶〈差別用語〉黒人

L.175　by a fluke　▶まぐれあたりで

"I went out just for that fight. Steve turned to smile at me and that black son of a bitch from hell jumped up and hit him by surprise. Steve could lick a hundred like that black bastard."

"He was a great fighter," the lumberjack said.

"I hope to God he was," Peroxide said. "I hope to God they don't have fighters like that now. He was like a god, he was. So white and clean and beautiful and smooth and fast and like a tiger or like lightning."

"I saw him in the moving pictures of the fight," Tom said. We were all very moved. Alice was shaking all over and ㉒<u>I looked and saw she was crying.</u> The Indians had gone outside on the platform.

"He was more than any husband could ever be," Peroxide said. "We were married in the eyes of God and I belong to him right now and always will and all of me is his. I don't care about my body. They can take my body. My soul belongs to Steve Ketchel. By God, he was a man."

Everybody felt terribly. It was sad and embarrassing. Then Alice, who was still shaking, spoke, "You're a dirty liar," she said in that low voice. "You never laid Steve Ketchel in your life and you know it."

"How can you say that?" Peroxide said proudly.

"I say it because it's true," Alice said. "I'm the only one here that ever knew Steve Ketchel and I come from Mancelona and I knew him there and it's true and you know it's true and God can strike me dead if it isn't true."

"㉓<u>He can strike me too</u>," Peroxide said.

Ch.6 The Light of the World

Grammar Points　　　　　　　　　　　　　　　ここ に 気 を つ け て 読 も う

㉓ look と see の違いを意識して訳せますか？

I <u>looked</u> and <u>saw</u> she was crying.

㉔ He は誰を指していますか？

<u>He</u> can strike me too.

N O T E S

`L.182` **hit ... by surprise** ▶ …をだまし討ちにする

`L.199` **lay** ▶ …と寝る

`L.204` **strike ... dead** ▶ …を殴殺する

God (can) strike me dead if ... は「もし…だったら、死んでもかまわない」という意味で、「嘘ではない」という気持ちを強く訴える際に使われます。

"This is true, true, true, and you know it. Not just made up and I know exactly what he said to me."

"What did he say?" Peroxide asked, complacently.

Alice was crying so she could hardly speak from shaking so. "He said, 'You're a lovely piece, Alice.' That's exactly what he said."

"It's a lie," Peroxide said.

"It's true," Alice said. "That's truly what he said."

"It's a lie," Peroxide said proudly.

"No, it's true, true, true, to Jesus and Mary true."

"Steve couldn't have said that. It wasn't the way he talked," Peroxide said happily.

"It's true," said Alice in her nice voice. "And it doesn't make any difference to me whether you believe it or not." She wasn't crying any more and she was calm.

"It would be impossible for Steve to have said that," Peroxide declared.

"He said it," Alice said and smiled. "And ㉕I remember when he said it and ㉖I _was_ a lovely piece then exactly as he said, and right now I'm a better piece than you, you dried up old hot-water bottle."

"You can't insult me," said Peroxide. "You big mountain of pus. I have my memories."

"No," Alice said in that sweet lovely voice, "you haven't got any real memories except having your tubes out and when you started C. and M. Everything else you just read in the papers. I'm

Ch.6 *The Light of the World*

Grammar Points　　　　　　　　　　　　ここに気をつけて読もう

㉕ このwhen節はどのような役割を果たしていますか？

I remember <u>when</u> he said it ...

㉖ なぜwasがイタリック表記になっているのでしょうか？

... I <u>*was*</u> a lovely piece ...

- -

N O T E S

- -

L.207　**made up** ▶でっち上げの

L.209　**complacently** ▶満足げに、誇らしげに

L.231　**tube** ▶チューブ（状のもの）

ここでは「卵管」を指しています。have *one's* tubes outは「卵管を取り出す」、つまり「避妊手術を受ける」ということです。

L.232　**C. and M.** ▶コカイン（cocaine）とモルヒネ（morphine）を表す隠語

clean and you know it, and men like me, even though I'm big, and you know it, and I never lie and you know it."

"Leave me with my memories," Peroxide said. "With my true, wonderful memories."

Alice looked at her and then at us and her face lost that hurt look and she smiled and she had about the prettiest face I ever saw. She had a pretty face and a nice smooth skin and a lovely voice and she was nice all right and really friendly. But my God she was big. She was as big as three women. Tom saw me looking at her and he said, "Come on. Let's go."

"Good-bye," said Alice. She certainly had a nice voice.

"Good-bye," I said.

㉗"Which way are you boys going?" asked the cook.

"The other way from you," Tom told him.

Grammar Points　　　　　　　　　　ここに気をつけて読もう

㉗ asked the cookと同じように、Tom told himも倒置できますか？

"Which way are you boys going?" <u>asked the cook</u>.

"The other way from you," <u>Tom told him</u>.

1920年頃、ペトスキーに滞在していた当時の若きヘミングウェイ（右）。

NOTES

L.233　and you know it　▶ 自分でもそれはわかっているはずだ

L.237　her face lost that hurt look　▶ 彼女の顔からは、例の傷ついた表情は消えていた

thatは「例の」というニュアンスで、「さっきまで浮かべていた、傷ついた表情はなくなっていた」という意味を表しています。

L.240　all right　▶ 確かに

このall rightは、without doubtとほぼ同じニュアンスです。"Are you sure it was Kate who did that?" "Yes, it was her all right."「ケイトがそれをやったっていうのは確かなの？」「うん、間違いなく彼女だよ」のように、文末に置かれ、意味を強調する役割を果たします。

「ここに気をつけて読もう」の解説
Commentaries on Grammar Points

→ p.255

① see と look の違いはわかりますか?

When he <u>saw</u> us come in the door the bartender <u>looked</u> up and then reached over and put the glass covers on the two free-lunch bowls.

▶ ▶ ▶ **see** は「向こうから情報が入ってくるのがわかる」、**look** は「意図的に視線を向ける」というニュアンスです。

解説 「見る」を表す see と look (up) が使われています。知覚動詞 see は〈see ＋人＋動詞の原形〉という構文をとります。この二つの動詞の違いですが、see は**「向こうから情報が入ってくるのがわかる」**という意味です。

この場面は、バーテンダーが「向こうから誰かがやってくるなあ」という気配を感じた (see) ので、その人物を確認しようとして見上げた (look up) ら、若造二人がいた、という描写になっています。くわしい説明は、「ワンポイント文法講義」をご覧ください。

→ p.255

② a beer となっているのはなぜでしょうか?

"Give me <u>a beer</u>," I said.

▶ ▶ ▶ **「ビール一杯」と注文するときには不定冠詞が付きます。**

解説 液体物であるビールは不可算名詞なので、不定冠詞が付いていることに疑問を持たれると思います。しかし、tea / coffee / beer / wine などの名詞は**可算名詞としても使うことができる**のです。特に、レストランやバーでメ

274

ニューを見ながら「…を一杯ください」という場面では、Can I have a red wine, please?（赤ワインを一杯お願いします）やCan I have another beer, please?（ビールのお代わりをお願いします）と言ったりします。もっとシンプルに、Two coffees, please.（コーヒーを二杯ください）というような表現もあります。

　しかし、Can I have a water, please?は英語母語話者にとって、違和感がある表現だそうです。レストランでは水は基本的にメニューにありませんので、a glass of waterやa bottle of waterとお願いをしたり、または、メニューにEvianと書かれていれば、Can I have (an) Evian, please?のように注文をします。

　ちなみに、英語圏のパブでビールを頼むときにCan I have a beer, please?と注文しても、ビールが出てこないだけではなく、What would you like to drink?（何を飲むのでしょうか？）と聞かれてしまいます。最近はクラフトビールやパブのオリジナルビールなど、ビールの種類が豊富にありますので、メニューを見ながら、ビールの銘柄、さらにはグラスのサイズも伝えなければなりません。例えば、Can I have a pint of Crown Lager, please?やI'd like to have a pint of Crown Lager.（クラウン・ラガーを一パイントお願いします）と注文します。

→ *p.255*

③ ここのdrewの意味は何でしょうか？

He <u>drew</u> it, cut the top off with the spatula and ...

▶ ▶ ▶ **ビールを注ぐためのハンドルを「引いた」ということです。**

解説　drawには「描く」という意味の他に、「…を（ゆっくりと）引く」「…をそっと移動させる」という意味があります。ここでは、「ビールを注ぐために、レバーをゆっくりと引いた」ということです。

　「引く」にはdrawの他にもpullがありますが、pullは「何かを一定の方向に引く」という一般的な語です。ちなみに、He told me how to pull the beers.（彼はビールの注ぎ方を私に教えてくれた）のように、イギリス英語ではpullに「ビールをハンドルを引いて樽から注ぐ」という意味があります。

→ p.255

④ the nickelとは、何のことですか？

I put the <u>nickel</u> on the wood and he slid the beer toward me.

▶ ▶ ▶ 「**五セント硬貨**」のことです。

解説 nickelは「原子番号28番、元素記号Niの原子量58.6943の銀白色の金属」ですが、この金属で鋳造されたものがアメリカ、カナダの**「五セント硬貨」**です。

ちなみに、アメリカ英語では、「十セント硬貨」のことをdimeと呼びます。かつて、農夫は収穫物の十分の一を教会へ奉納していましたが、これをdimeと呼んでいたことから、一ドルの「十分の一」である「十セント」を意味するようになりました。また、「一セント」をpennyと呼ぶのは、古くからペニーが小さな貨幣単位であったことに由来します。二十五セントはquarter、五十セントはhalf dollarと呼ぶことがあります。

→ p.255

⑤ look over one's headsとは、どのような動作でしょうか？

He just looked over our heads and said, ...

▶ ▶ ▶ 「**…の頭越しに視線をやる**」という動作です。

overには、二つの事物の**位置関係を表す用法**（「…の真上に広がって」）と、動作を表す動詞と共に用いて**経路を示す用法**（「…を越えて」「…を渡って」）があります。例えば、Do you know all the bridges <u>over</u> the Sumida river?（隅田川にかかっている橋、全部知ってる？）は「位置関係」を表しています。また、He couldn't climb <u>over</u> the wall.（彼は壁をよじ登って越えることができなかった）のoverは「経路」を示しています。

他にもI will stay at Karuizawa <u>over</u> the summer vacation.（夏の間はずっと軽井沢で過ごすつもりです）のように、「…の間（ずっと）」「…が終わるまで」という**「時間の経過」**を表すこともできます。

Ch.6 The Light of the World

→ *p.255*

⑥ バーテンダーが出したものは何でしょう？

The bartender put out the bottle and glass and a glass of water.

▶ ▶ ▶ 「ボトル」「（空の）グラス」「水の入ったグラス」の三つです。

解説 バーテンダーは「ウイスキーのボトル」と、それを飲むための「（空の）グラス」、それに「水の入ったグラス」を出しました。the bottle and glass は「一組のセット」であるため、一つ目の glass には冠詞がついていません。

このように、**二つの名詞が「一組のセット」を表すときは冠詞を繰り返しません**。他にも、a fork and knife 「フォークとナイフ」や a cup and saucer 「カップとソーサー」などの例があります。

また、二つ以上の名詞が**「同一物」**を表すときは、冠詞は最初の名詞につけて、それ以降の名詞にはつけません。以下を比較してみましょう。

1 A scholar and translator was present at the party.
（<u>学者</u>にして<u>翻訳家</u>がそのパーティに出席した）

2 A scholar and a translator were present at the party.
（<u>学者</u>と<u>翻訳家</u>がそのパーティに出席した）

1 の主語は「学者であり、翻訳家でもある一人の人物」です（動詞も単数の was になっていますね）。**2** は、「学者と翻訳家という、二人の人物」が主語になっています。

ちなみに、a black and white dog と a black and a white dog の違いはわかりますか？ a black and white dog は「ダルメシアンのような白黒のまだらの（一匹の）犬」で、a black and a white dog は「一匹の黒い犬と一匹の白い犬（つまり、二頭の別々の犬）」のことを指しています。

→ p.255

⑦ where の後には何が省略されていますか？

You know where.

▶ ▶ ▶ **You know where to put it back. の省略です。**

解説　Put it back.（それを戻せ）に対する返事ですから、where は **「どこに戻せばいいか」**、つまり where to put it back を省略したものだとわかります。

　ですから、この文は「どこに戻せばいいか、知ってるだろ？」という意味なのですが、実は、何かが**婉曲的に表現**されています。ヘミングウェイ研究で有名なマイケル・レノルズによると、この部分の初稿は "Up your ass!" となっていました。つまり、「ケツ（ass）の穴にでも突っ込んでおけ！」という意味です。しかし、これではあまりに品がないと考えた編集者によって書き換えが提案され、その結果、この "You know where." になったということです。最初にヘミングウェイが書いていた「ケツの穴にでも突っ込んどけ！」という表現から考えると、バーテンダーに対するトムの態度はかなりのケンカ腰だったことが伺えます。

→ p.255

⑧ なぜ look at ではなく watch が使われているのでしょうか？

The bartender reached a hand forward under the bar, <u>watching</u> us both.

▶ ▶ ▶ **二人に「にらみをきかせていた」ということを表すためです。**

解説　「バーテンダーが（武器を取り出そうとしているかのように）片手をカウンターの下のほうに入れ、僕たちを見つめていた」というシーンです。ここで使われている watch には **「集中して対象を見る」** という意味があり、「怪しい人物を見張る」ような場面でも使われます。つまり、バーテンダーは、よそ者である彼ら二人に「にらみをきかせていた」わけです。この場面では、バーテン

ダーの視線の鋭さが浮かび上がってくるような描写が目立っています。direct a keen look「鋭いまなざしを向ける」やwith a piercing stare「突き刺すような視線で」などのように**形容詞を加えて過度に描写するのではなく、シンプルに動詞のみで描写している**ところに、ヘミングウェイの文体的な特徴を見ることができます。

　詳細は「ワンポイント文法講義」で解説しますが、以下に「見る」という意味を表す動詞の違いを簡単にまとめておきます。

1 **see**：「見える」「気づく」。特に見ようとしないものであっても「目に入ってくる」という意味。向こうから情報がやってくるようなイメージを持ちます。

2 **look**：「目を向ける」。見ようと思って目を向けるという意味。

3 **watch**：動くものを「注意して見る」という意味。

→ p.257

⑨ whatの品詞は何でしょうか？

Tom said, and spit <u>what</u> he had in his mouth on the floor.

▶ ▶ ▶ **関係代名詞です。**

解説　spitは「…を（口から）吐き出す」という意味の他動詞で、**what以下がその目的語**になっています。そしてhadの目的語がありませんので、このwhatが関係詞のwhat（＝ the thing which）であることがわかります。「トムは…と言って、口の中に入れていたものを床に吐き出した」という意味ですね。文法構造的には... spit [what he had in his mouth] on the floor. という形になっています。

279

> → p.257

⑩ この文の主語と動詞は、それぞれ何でしょうか？

The man who had drunk the rye paid and went out without looking back.

▶ ▶ ▶ 主語は (the) man で、動詞は paid and went out です。

who had drunk という関係代名詞節が先行詞のthe man を修飾しており、The man [who had drunk the rye] paid and went out without looking back. という文構造になっています。**had drunk は、この文の本動詞ではない**ことに注意してください。また、without ...ing は「…することなしに」という付帯状況を表しています。飲んでいた男性は、振り返ることなく、お金を払ってそそくさと出て行ってしまったわけですね。

ここで読解のポイントとして押さえておくところは、少年たち二人が飲み物を注文した際には、バーテンダーはお金を払わなければ品物を出さなかったのに、後から入ってきた客は店を出るときに支払っているという点です。この描写から、バーテンダーが明らかに**少年たちに対して不信感を持っていた様子**が読み取れますね。

> → p.257

⑪ it was getting dark と it was dark の違いは？

It was getting dark as we came in, and now that it was dark it was cold and the puddles of water in the road were freezing at the edges.

▶ ▶ ▶ **it was getting dark** は「暗くなりかけていた」、**it was dark** は「暗くなった」ことを表します。

解説　It was getting dark. は過去進行形ですが、これは「少しずつ変化している状態」を示しています。つまり、**「暗くなりかけていた」**という意味を

表しています。これに対して、It was dark. は**「暗かった」「暗くなった」**という意味になります。

この文は少し複雑なので、文の構造を以下に図示しておきます。

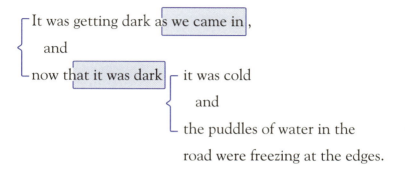

as we came in の as は、「同時性」を表していると考えてよいでしょう。つまり、It was getting dark as we came in. は「入ってきたときには、暗くなりかけていた」という意味を表します。等位接続詞の and は、文をつなげる役割を担っています。次に出てくる、now that という接続詞は、**「(今や) …だから」**と原因や理由を表すものになります。つまり、it was dark と続くので、**「今は暗くなった (日が落ちた) ので」**となり、次に主節が展開します。 主節の中身は、It was cold. (寒かった) という文が、再び等位接続詞 and によって、the puddles of water in the road (主部) were freezing (動詞) at the edges. という構造で「水たまりが凍りかけている状態」を表す文と並置されています。

→ p.259

⑫ ここで there 構文が用いられている理由は？

Down at the station <u>there were</u> five whores waiting for the train to come in, and six white men and four Indians.

▶▶▶ 新たな登場人物を導入するためです。

解説 ここで新たな登場人物をthere 構文（ there is / are）を用いて導入しています。there構文は、**相手にこれから伝えようとする内容についてきちんと意識してもらいたいときに使う表現**で、これから「僕」、トム、五人の娼婦、六人の白人男性と四人のインディアンで物語が展開するということを明示するために使われているのです。

→ p.259

⑬ 省略されている語を補ってみましょう。

She was the biggest whore I ever saw in my life and the biggest woman.

▶ ▶ ▶ **... the biggest whore [that] I ever saw in my life ...** のように、**that** が省略されています。

解説 **最上級を含む表現**が先行詞となった場合、原則的に関係代名詞は**that**となります。この文は、「今まで自分が見たことがないぐらい大きな娼婦だ、実に大きい」のように、ことさら彼女の巨大さについて言及しています。

→ p.259

⑭ この on は、どのような意味でしょうか？

And she had <u>on</u> one of those silk dresses that change colors.

▶ ▶ ▶ 「…を身につけて」という意味です

解説 onには「接触」という意味があり、ここでは「肌と接触している」、つまり**「身につけている」**という意味を表しています。have on ...で「…を身につけている」という**「状態」**を表します。「…を身につける」という**「動作」**を表す際にはput on ...が用いられます。

また、one of those silk dressesは「シルクのワンピースの一種」「よくあるシルクのワンピース」という意味になります。そのワンピースについて関係代名詞の

Ch.6 The Light of the World

thatが説明をしています。「彼女は光の具合で色が変わって見えるシルクのワンピースのようなものを着ていた」という意味になります。

→ p.259

⑮ 省略されている語を補ってください。

There were two other whores that were nearly as big but the big one must have weighed three hundred and fifty pounds.

▶ ▶ ▶ **... two other whores that were nearly as big [as the big one] ... のように、as the big one が省略されています。**

解説 〈A as 形容詞/副詞 as B〉の原級比較は、文脈から比較の対象がわかっているときには**as B の部分を省略することが可能**です。例えば、He is an early riser, but I can get up <u>as early</u>.（彼は起きるのが早いが、私も同じぐらい早く起きられる）のようなものに省略が見られます。

なお、She is pretty <u>as ever</u>.（彼女は相変わらずかわいい）は、She is <u>as pretty as ever</u>.（彼女は今までと同じぐらいにかわいい）の**最初の as が省略されたもの**です。この構文を作れる動詞は、主に第二文型をとる自動詞（be, seem, look, etc.）に限られます。

→ p.261

⑯ この文に出てくる人物をすべて答えてください。

Of the men, besides the cook and the one who talked, there were two other lumberjacks, one that listened, interested but bashful, and the other that seemed getting ready to say something, and two Swedes.

▶ ▶ ▶ 「コック」「話していた男性」「興味はあるが内気な、話を聞いていた木こり」「何か言いたげな木こり」「二人のスウェーデン人」です。

解説 文頭のof the menですが、このofはaboutと同様の意味で、「男たちの方はというと」のような意味になります。besidesは「…に加えて」という前置詞です。and the one who talkedでは、関係代名詞の主格のwhoが使われています。ここまでが副詞句になっており、**「コックと、話していた男に加えて」**という意味になっています。

その後、ようやく主節のthere構文が登場します。two other lumberjacks「二人のきこり」については、**同格**としてそれぞれone that listened, interested but bashful「興味はあるが内気で、話を聞いていたきこり」とthe other that seemed getting ready to say something「何か言いたげな木こり」のように補足されています。これに最後のtwo Swedes「二人のスウェーデン人」を加えて、全部で六人ということになります。

→ *p.261*

⑰ この文のmustはどのような意味でしょうか?

Mu̲s̲t̲ be like getting on top of a hay mow

▶ ▶ ▶ 「…に違いない」という、「必然性」を表しています。

解説 この文には主語がありませんが、It must be ...が省略された形になっています。このように、会話などでは、主語が省略されてしまうことも珍しくありません。

なお、mustには、大まかに言うと以下の五つの意味があります。

(1) **義務・必要**「…しなければならない」

(2) 〈否定文で〉**禁止**「…してはいけない」

(3) **必然性**「…に違いない」「きっと…だ」

(4) **固執**「どうしても…する」

(5) **不可避性**「(必ず) …するものだ」

284

Ch.6 The Light of the World

　この文は「**彼女たちを抱いたとしたら、きっと干し草のてっぺんに登るようなものだ**」という、太った娼婦たちへの悪口となっています。つまり、(3) の「**必然性**」の用法です。

→ p.261

⑱ speakとspeak upの違いは？

Then the cook <u>spoke up</u>.

▶ ▶ ▶ **speak は単に「話す」なのに対し、speak up は「大声で話す」という意味です。**

解説　みんなから、「ゲイである」という疑いをかけられているコックはなかなか声を出すことができません。そこで意を決して、みんながいる中で聞こえるように話しました。それがspeak upで表されています。

　speak upは「**はっきり話す**」「**大声で話す**」という意味の句動詞です（≒ speak out）。upという副詞には「上」という基本イメージがあり、そこから拡張して「**増加**」「**接近**」「**完全**」という意味にもなります。

　このような「意味の拡張」は、容器に水を入れていく様子を比喩として思い浮かべるとわかりやすいと思います。容器に水を入れると、水面が上がりますよね？ これがupの基本イメージ、「上」というものです（例：go <u>up</u>「上昇する」）。まず、水が徐々に増えていくことから、「**増加**」の意味となります（例：number <u>up</u>「（数が）増える」）。また、容器の縁の部分を中心に考えてみると、その縁に水が近づいてきますので、「**接近**」の意味にもなります（例：gather <u>up</u>「（一箇所に）集まる」）。水が溜まっていき、やがて満タンになることから「**完全**」という意味も理解できると思います（例：fill <u>up</u> with ...「…で満たす」）。

　turn <u>up</u> the radioは「ラジオの音量を上げる」という意味ですが、このupは「（音量が）増加する」ということですね。さらに、「…を元気づける」「元気になる」という意味のcheer <u>up</u>にもupが使われていますが、こちらは「**気持ちを上向きにさせる**」というところから来ていることがわかると思います。speak upの

285

upは、turn up the radioのupと同様のニュアンスなので、「**大きな声で話す**」
「はっきり話す」「率直に話す」という意味だと考えることができますね。

→ p.263

⑲ このcanはどのような意味でしょうか?

You <u>can</u> call me Alice.

▶ ▶ ▶ **「許可」(「…してもよい」) の意味を表しています。**

解説 「可能」を表すcanの意味の拡張と考えればいいですね。「あなたは…で
きる」→「あなたは…してもよい」となります。「してもよい」という意
味なので、もちろん「しなくてもよい」わけです。したがって、**許可を表すcan
には強制力がありません。**

似たような表現にmayがありますが、このmayには強制力が感じられます。そ
れは、mayの過去形mightは名詞として「力、能力」という意味があることから
も理解できそうですね。類義語にmighty「力のある」という形容詞もあります。
このように、mayには「力」を感じ取ることができるため、「許可」の表現として
使うと、**上から下に命令するニュアンス**が出てきます。英検の面接試験を受けた
方は、最後に面接官がYou may go now.と言うのを聞いたことがあるかもしれま
せん。この発言は、「上から目線」ですよね。ですので、試験などではない一般的
な状況で「…してもよい」と伝える場合には、canを使った方がよいでしょう。

→ p.265

⑳ to shake all overは、何用法のto不定詞ですか?

Alice commenced to laugh again and <u>to shake all over</u>.

▶ ▶ ▶ **名詞的用法です。**

解説 to shake all overは、他動詞commenceの目的語になっているため、「**名
詞的用法**」です。なお、commenceはstartやbeginと同じく、to不定詞

Ch.6 The Light of the World

の他にも動名詞を後ろに取ることができます。これらはすべて「…し始める」という意味を表していますが、目的語が不定詞か動名詞かによって、表す意味が異なります。to不定詞を取ったときには**「開始」**に焦点が当てられます。一方、動名詞の場合は**「動作の開始＋継続」という時間の幅**にも焦点が当てられます。

　少し難しくなりますが、startを例にして、違いを考えてみましょう。It started to rain.は「雨が降り始めたこと」について、**その瞬間を切り取って描写していま**す。そのため、It started to rain, but stopped soon.のように、「でも、すぐに止んだ」と続けることができます。これに対して、動名詞はIt started raining and kept on for two hours.（雨が降り始めて、二時間は降っていた）のような文脈で用いられます。つまり、started rainingの場合は、降り始めてから、**ある程度の継続が含意される**ことになるのです。

→ p.267

㉑ これら二つのlikeの品詞は？

I knew him <u>like</u> you know nobody in the world and I loved him <u>like</u> you love God.

▶ ▶ ▶ どちらも「接続詞」です。

解説　接続詞として使われるlikeで、**「…と同じように」**という意味になります。I knew him like you know nobody in the world.は「あなたが世界中の誰も知らないのと同じぐらいに私は彼のことを知っている」と直訳できますが、「世界中の誰も知らない」ということはあり得ませんので、**「私は誰よりも彼のことをよく知っている」**という意味になります。それに続くI loved him like you love God.は「私は彼のことを、あなたが神を愛するのと同じように愛していた」ということですね。

　ちなみに、I know him like the back of my hand.は、どのような意味かわかりますか？ know himとなっていますので、「彼のことは直接会ったりして知っている」となるのは大丈夫ですね？ その後のlikeは前置詞で「…のように」、the back of my hand は「私の手の甲」という意味ですから、直訳すると「私の手の甲のように、彼のことを知っている」となります。自分の体の部位の中で一日に何度も目にするところが「手の甲」ですので、一番よくわかっている場所と捉えると、「自分の一番よくわかっている手の甲のように彼のことを知っている」→「**彼のことをとても良く知っている**」という意味になります。know の後に場所を表す語句を持ってくると、「**（場所を）隅から隅まで知っている**」という意味にもなります。I know this area like the back of my hand.（私はこの地域のことなら隅々まで知っています）なんていう文をさらっと言えるといいですよね。

→ p.267

㉒ この He'd は何の略ですか？

He'd just knocked Jack Johnson down, the big black bastard.

▶ ▶ ▶ **He had の略です。**

解説 省略形を使わないで書くと He had just knocked ... となるので、ここは**過去完了**になっています。「自分の恋人の方が先にジャック・ジョンソンを倒したのに、後から卑怯な手で…」という思いが込められていることが読み取れますね。

→ p.269

㉓ look と see の違いを意識して訳せますか？

I <u>looked</u> and <u>saw</u> she was crying.

▶ ▶ ▶ **「目を向けてみると、彼女が泣いているのがわかった」と訳せます。**

解説 look は「**視線を向ける**」という意味でしたね。そして see の後ろは saw (that) she was crying となっており、この see は「**(that 以下が) 見て取れる、わかる**」という意味になります。ですので、ここは「目を向けてみると、彼女が泣いているのがわかった」という訳になります。

Ch.6 The Light of the World

→ p.269

㉔ He は誰を指していますか？

He can strike me too.

▶ ▶ ▶ **God「神」です。**

> **解説** ずっと「スティーヴ・ケチェル」の話をしていますから、「スティーヴ・ケチェル」を指すと思ってしまった人はいませんか？ このheは、God can strike me dead if it isn't true. の God を受ける代名詞です。このように、**「神」を受ける代名詞はhe** です。例えば、God's in his heaven; all's right with the world. は「神が天にある限り、この世は安泰だ」ということわざです。

→ p.271

㉕ このwhen節はどのような役割を果たしていますか？

I remember when he said it ...

▶ ▶ ▶ **remember の目的語になっています。**

> **解説** 「彼がそれを言ったときのことを覚えている」という意味で、when he said it がremember の目的語になっています。このwhen は関係副詞のwhen ですが、**先行詞の the time が省略されている**のです。つまり、このwhen は the time when を同じ働きをしているわけです。このように、「先行詞をそれ自体に含む関係詞」のことを**「自由関係詞」**と呼びます。

→ p.271

㉖ なぜwas がイタリック表記になっているのでしょうか？

... I *was* a lovely piece ...

▶ ▶ ▶ **過去と現在を対比することで、強調しています。**

289

解説 「スティーブに言われた通り、まさに私はかわいい子だった。今でも、干上がった湯たんぽのようなあんたより、ましなんだから」と、**自分が美しかった過去のことを強調**しています。この部分は引用符の中の過去形なので、地の文の過去形とは異なり、現在とは切り離した時点の事柄を表しています。**過去形のポイントは「今と違う」ということ**ですので、「今の姿からは想像できないかもしれないけれど、昔はかわいいって言われていた」と主張していることがわかりますね。

→ p.273

㉗ asked the cookと同じように、Tom told himも倒置できますか？
"Which way are you boys going?" <u>asked the cook</u>.
"The other way from you," <u>Tom told him</u>.
▶▶▶ 倒置させることはできません。

解説 直接話法の伝達節の主語の部分が以下の条件を満たしている場合、主語と動詞が倒置されることがあります。

1 伝達節が肯定文のとき
2 伝達動詞 (ask, order, say, state など) の時制が現在形もしくは過去形のとき
3 伝達動詞の後ろに「人」を目的語として置いていないとき
4 伝達動詞の主語が代名詞ではないとき（比較的古い小説には、主語が代名詞でも倒置がおこります）

本文を確認してみましょう。"Which way are you boys going?" asked the cook.となるのは、1 から 4 のすべての条件を満たしているからです。しかし、"The other way from you," Tom told him.は、**toldの後に「人を表す目的語」のhimがある**ので、倒置はできません。つまり、3 の条件に違反しているわけです。

Ch.6 The Light of the World

なお、倒置される理由は、**誰の発話かを文脈上、明確にしたいと思っているとき**や、**主語の名詞部分が比較的長い場合**などです。

解 釈 の ポ イ ン ト ・・・・・・・・・・・・・・・・・・・・・・ Beneath the surface

❶このコックの描写から、どのようなことが読み取れますか？

He wore stagged trousers and lumbermen's rubbers and a mackinaw shirt like the others, but he had no cap and his face was white and his hands were white and thin.

→ コックは、「他の人と同じような服を着ているが、顔が白く、手は白く細い」のように描写されています。実は、ヘミングウェイの作品では、**「手」がキーワード**になることがよくあります。コックの手の描写は、彼がゲイであると感じることができる描写になっています。彼の手は、日に焼けていてゴツゴツした手ではなく、華奢な白い手です。そこから男性的なイメージを読み取ることはできず、むしろ**女性的な印象**を与えます。

❷ 「アリス」という名前から、どんなことをイメージできますか？

Alice. Isn't it?

→ アリスという名前を聞くと、どのような人をイメージしますか？ **ある特定の言葉が何らかのイメージを想起させる**ことがありますよね。『不思議の国のアリス』などを思い浮かべる人もいるでしょう。そうしたイメージが、the big whore という実態とかけ離れていることに**違和感**を持つでしょう。なんだかぎこちないというか、うさんくさいというか、そういった印象を抱いてもおかしくないと思います。他には、作品の中に出てくるアリスの声の描写にも注目して読んでみましょう。

291

ワンポイント文法講義 ⑥
Mini-lecture

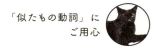
「似たもの動詞」にご用心

　英語には、単純に日本語に訳すと同じ意味になってしまう動詞の組み合わせが多数あります。正しく英文を読むためには、それぞれの用法やニュアンスの差異をきちんと理解することが必要不可欠です。そこで、seeとlookやlistenとhearのような「似たもの動詞」を掘り下げてみたいと思います。

┃ seeとlookの違い ┃

　以下は、物語の冒頭部分です。

> When he <u>saw</u> us come in the door the bartender <u>looked up</u> and then reached over and put the glass covers on the two free-lunch bowls.

　まるで、西部劇のワンシーンのような緊迫感のある始まりですね。この文の動詞に注目してみましょう。「見る」を表すseeとlookが出てきました。seeは、この文中では〈see＋人＋動詞の原形〉という知覚動詞構文をとっています。また、lookは自動詞用法で、up「上に」という意味の副詞と組み合わせた形で使われています。

　seeは**「向こうから情報がやってくるのがわかる」**という意味です。一般に、「映画を見る」はsee a movieを用いて表しますが、これは「大きなスクリーンの向こうから、映像として情報がやってきて、ストーリーを理解することができる」というイメージが基になっています。

　また、seeには「理解する」「確かめる」という認識を伴う意味もあります。そのため、he saw us come in the doorは、「バーテンダーが、客が来たことに<u>気がついた</u>」という意味を表しています。一方、lookは**「意図的に視線を向けること」**を表しています。

Ch.6 The Light of the World

この場面は、バーテンダーが「向こうから誰かがやってくるなあ」という気配に気付いた（see）ので、その人物を確認しようとして見上げた（look up）ら、見馴れない二人の若造がいた、という描写になっています。

バーテンダーは客の気配を察知して目を向けますが、見知らぬ若造たちが入ってきたとわかったところで、とっさにつまみの入ったボウルにふたをします。まさに、お前たちのような若造が来る場所ではないのだということを言わんばかりの様子で。そのような不穏な雰囲気が、この一文だけで見事に表現されています。

▌ look と watch の違い ▌

バーテンダーはトムともめている最中でありながら、以下のように、新しく入ってきた客に注文を聞きます。

He just <u>looked over our heads</u> and said, "What's yours?" to a man who'd come in.

このlook over our headsという動詞表現が、彼の態度を表しています。「私たち」の**頭越し**に客を見たのです。overという語は、あるものの上を通過して円弧を描くようなイメージがあります。そのため、バーテンは彼らの頭を通り越して、向こう側の客に視線を向けたわけです。

また、このような場面も描かれています。

The bartender reached a hand forward under the bar, <u>watching</u> us both.

「僕」が50セントを支払うまでは、「バーテンダーは片手をカウンターの下のほうに入れて、こちらを見つめていた」ということですね。このwatchには**「集中して対象を見る」**という意味があります。不審な人物などを「見張る」ような場面でも使われます（cf. nightwatch「夜間監視員、警備員」）。したがって、ここで

293

バーテンがwatchしていたということは、二人に「にらみをきかせていた」ことを表しています。

このような不穏な空気を感じて、変な店に入ってしまったと思ってしまったのでしょか？ 後から入ってきた客は、注文したウイスキーを飲み終わるや否や、全く振り返りもせずに（without looking back）そそくさと店を出て行ってしまいました。

この場面では、バーテンダーの視線の鋭さが浮かび上がってくるような描写が目立っています。direct a keen look「鋭いまなざしを向ける」やwith a piercing stare「突き刺すような視線で」などのように**形容詞を加えて過度に描写するのではなく、シンプルに動詞のみで描写している**ところに、ヘミングウェイの文体的な特徴を見ることができます。

以下に「見る」という意味を表す動詞の違いを簡単にまとめておきます。

> **1** see 「見える」・「気づく」。特に見ようとしないものであっても「目に入ってくる」という意味。向こうから情報がやってくるようなイメージを持ちます。
>
> **2** look 「目を向ける」。見ようと思って目を向けるという意味。
>
> **3** watch 動くものを「注意して見る」という意味。

lookのニュアンス

バーを追い出された二人は、駅の待合室にやって来ます。そこでドアを閉めるように言われた「僕」は、以下のような行動をします。

I looked to see who said it.

先ほど説明したように、seeは「向こうから情報がやってくるのを捉え、理解する」というイメージがあります。ここは「声が聞こえてきて、それを確認する

Ch.6 The Light of the World

（see）ために、声がした方向に視線を向けた（look）」という場面ですね。そして、目が合った瞬間にAren't you going to shut it? ともう一度言われて「僕」は扉を閉めたわけです。この沈黙の続いていた空間で視線のやりとりによるコミュニケーションは、何かピリピリした雰囲気が漂っていることを感じさせます。

そんな雰囲気の中、こんなやりとりがあります。

"You can interfere with this one," he <u>looked</u> at the cook. "He likes it."

The cook <u>looked</u> away from him holding his lips tight together.

ここでも look が使われています。男は「こいつとならヤレるぞ」と、そのコックに視線を送りながら言います。しかも、look atですから、あからさまにコックの方を見ています。軽蔑しているかのような視線であると考えてもよいでしょう。一方、コックはその男から視線をそらします（look away）。あたかも自分がホモセクシャルであるということを隠すかのように。この男はさらに「僕」に向かって、Look how white they are. と「見る」ことを強要します。

この時代は、同性愛者たちへの差別や偏見が今以上にありました。そのため、揶揄されるだけならまだしも、暴力をふるわれたりしたこともあったようです。そのような時代背景も、この作品を理解する上では重要な要素になります。

▎「テレビを見る」は see? watch? ▎

先ほど説明したように、「映画を見る」は see を使って、see a movie と表現するのが一般的です。では、**「テレビを見る」**は、何と言えばいいでしょうか？ 正解は**watch TV** です。なぜこのような差が生じるのか、その理由を考えてみましょう。

watchは「何かが起きている」、あるいは「これから起こりそうだ」ということに注目しているときに使われます。つまり、**「変化や動きを注意して見る」**という意味になります。例えば、Watch that man! は、「何か不審な動きを<u>している</u>男がいるから、これから何をするのか、それを注視しろ」、つまり「あの男を見張っ

295

て！」ということを伝えています。このように、「進行中の何かを見る」ときは
watchが好まれると考えておきましょう。一般に、テレビは「目の前の画面上で
進行している番組を見る」わけですから、watchが使われるのです。

「映画」にはseeを用いるのは、「映画館の大きなスクリーンで、自然と映像が目
に入ってくる」からです。しかし、私たちは常に映画を映画館で見るわけではな
く、パソコンやDVDなどで見ることもあります。そのような場合は、「(小さな)
画面上で見る」ことになるため、watch TVの類推からwatch a movieという表現
も使われるようになりました。

| listen と hear の違い |

待合室の中にいる男たちが描写されている場面については、「ここに気をつけて
読もう」の⑯でも確認をしましたが、ここではlistenという動詞に注目してみま
しょう。

> Of the men, besides the cook and the one who talked, there
> were two other lumberjacks, one that <u>listened</u>, interested but
> bashful, and the other that seemed getting ready to say
> something, and two Swedes.

このlistenは、もちろん「聞く」という意味ですが、同じく「聞く」という訳語
が与えられる動詞としてhearがありますね。まずはそれぞれの意味を確認してお
きましょう。

listenの基本的な意味は「聞こえている声や音に耳を傾けて聞く」です。
LDOCEには次のような定義があります。

> listen: to pay attention to what someone is saying or to a sound
> that you can hear
> (誰かが言っていることや、聞こえてくる音に意識を向けること)

Ch.6 The Light of the World

hearの基本的な意味は**「音や声が耳に入ってくる」**です。LDOCEの定義は次の通りです。

> hear: to know that a sound is being made, using your ears
> （耳を使って音が出ていることを知ること）

hearはlistenと異なり、声や音がする方に耳を傾けるのではなく、自分の意思とは関係なく、音や情報が自然に耳に入ってくることを表しています。

そこで、本文に戻って考えてみましょう。one that listened, interested but bashfulは、木こりの一人が、娼婦やコック、それに少年たちが話しているのを聞いている様子を表しています。interested「興味深く」という語からもわかるように、**聞き耳を立てている**ので、ここではhearよりもlistenのほうが好ましいわけです。

これで、基本的なlistenとhearの違いはわかったと思います。では、次の文を考えてみましょう。

> I <u>heard</u> that news on the radio. （私はあのニュースはラジオで聞きました）

この例からわかることは、hearは単に耳を傾けるだけではなく、その結果として最後まで聞いたり、その内容を理解する、すなわち**「聞いて知る」**という意味もあるということです。また、hearは通常、進行形にはしません。その代わりに「今、聞こえています」を表す際にはI can hear you.（あなたの声、聞こえていますよ）や、教室で先生がCan you hear me?（私の声、聞こえていますか？）のようにcan hearを使います。

もう一つ、本文からの例を見てみましょう。

> "He says we're punks," Tommy said to me.
> "<u>Listen</u>," I said. "Let's get out."

トミーが僕に「あいつ、俺らのこと punks（くそがき）ってよ」と言った場面ですね。そこで、僕がトミーに言っている listen について考えてみましょう。これは、命令文になっていて、「いいですか」や「ねえ」のように、相手の注意を引くための表現になっています。また "Listen here." とも言います。もし、自分の話に注目させたいと思ったら、Listen to me!（私の言っていることを聞きなさい）と言います。

では、ここでいくつか例文を出しますので、それぞれの意味を考えてみてください。

(1) I'm <u>listening</u>.
(2) I <u>listened</u> hard but couldn't hear anything.
(3) I <u>listened</u> for sounds of my mother's return.
(4) I can <u>hear</u> the grass grow.

(1) は、現在進行形で「今、まさに意識をして聞いている」ということを表しています。**「あなたの話をちゃんと聞いていますよ、ですので、このまま話を続けてください」**という意味です。

(2) では listen と hear の両方が使われていますが、この両者の使い分けがしっかりできていますか？ まず、listen hard で「耳を澄ませる」という意味があることを確認しておきましょう。そして、couldn't hear anything は、「音は何一つ耳に入ってこなかった」という意味ですね。ですから、**「とにかく耳を傾けてみたけれど、何も聞こえなかった」**ということをこの文では表現しています。

(3) は、listen for ... または listen out for ... で「…に耳を澄ます」「…に聞き耳を立てる」となり、(2) の listen hard と似たような意味になります。この文は**「母が帰って来る音がしないかと耳を澄ませていた」**となります。listen for a sound of life で「人の気配がしないかと耳を澄ませる」という意味をもつ表現もあります。ここで使われている listen (out) for ... は目的語が必要ですが、listen hard は目的語を取っても取らなくても使うことができます。listen hard <u>to</u> ... と

Ch.6 The Light of the World

して目的語を取ることも可能で、その場合は「…を熱心に聞く」というような意味になります。先ほど説明した "Listen" と "Listen to me" の違いと同様です。

（4）は「私は芝生の成長を聞くことができます」ではおかしいですよね。「芝生が伸びていく音を耳にすることができるぐらい耳がいい」、すなわち、**「私は非常に鋭い感覚の持ち主です」** という意味になります。

▎say / speak / talk の違い ▎

say は **「言葉を使って表現する」** という一般的な意味を持っています。He said that ... や He said, "..." などの形式で人の発言を伝達することもできます。LDOCE では次のように定義がなされています。

> say: to express an idea, feeling, thought, etc. using words
> 「思いついたこと、感じたこと、考えたことなどを言葉を使って表現すること」

speak は **「声を出して言う」**、**「人と何かについて話す」** という意味です。LDOCE の定義も確認しておきましょう。

> speak: (1) to talk to someone about something「誰かと何かについて話すこと」／（2）to use your voice to produce words「言葉を発するために声を使うこと」／（3）to be able to talk in a particular language「ある特定の言語で話ができること」

つまり、「声に出す」というのが speak の中心的な意味である事がわかりますね。

それでは、say と speak の違いについて考えてみるために、次の文を見てみましょう。先ほど取り上げた、待合室の中にいる男たちが描写されている場面に続いているところです。

299

The man who was getting ready to say something spoke to me very low, "Must be like getting on top of a hay mow."

「何か言い出そうとしていた男が『あいつらを相手にしたら、まるで干し草の上に乗っかるようなもんだろうな』と言った」という意味ですね。

getting ready to say somethingは、「何か自分の考えていることを口に出そうとしている様子」を表しています。LDOCEの「思いついたこと、感じたこと、考えたことなどを言葉を使って表現すること」という定義を思い出してください。**頭の中に何か言いたいことがある**という状況ですね。そして、spoke to me very lowと**実際に声に出して言う**ことになります。この木こりは言いたいことがあって、いつ言おうかタイミングを図っていたのでしょう。それがsayとspeakで描写されていることがわかりました。

ちなみに、電話でThis is Makoto speaking.というのは、「今、声を出しているのはマコトですよ」ということを伝えています。ですので「思いついたことや考えたことを話す」という意味があるsayを使って、This is Makoto saying.とは言えないのです。

さて、「言う」を意味する英語の動詞には、もう一つ、talkがあります。本文では次のような描写がありました。

"He just wants us all to be friends," the man who talked said.

意味は、「『こいつはみんなと仲良くしたいだけなんだ』と、おしゃべりな男が言った」となりますね。ここで出てきたtalkは「しゃべる」、「話す」という意味で、speakとほとんど違いがありません。あえて区別をするのであれば、speakのほうが「改まった口調で行われる講義や講演などで話す」という意味があります。そしてtalkには**「くだけた口調でのやりとりがなされる」**という意味もあります。

授業中、先生の話を聞かないでおしゃべりする際の言葉遣いは、かなりくだけ

た言葉になりますよね。あまり改まった口調で、「昨日の出来事なのですが」なんて言いませんよね？「あの〜、昨日なんだけどね」みたいな感じになるはずです。ですので、「おしゃべりをやめなさい」という場面では、Stop talking! と言います。

　もう一つ、例を上げておきます。

　　Kenta <u>talks</u> just to hear himself <u>speak</u>.

　直訳すると、「自分が話していることを聞くためにしゃべる」となりますが、それだとなんだか腑に落ちません。speak は「声を発する」、talk は「話し合う」というのが中心的意味です。ですから、talk just to hear yourself speak は、「自分自身が声を出して、それを聞くために会話する」、つまり**「他人の言葉を聞こうとせず、人のことを考えていない」**という意味の表現なのです。ですから、この例文は「ケンタは（周りのことを考えずに）自分のことだけしか話さない」という意味で、ケンタという人物が「うぬぼれていて、自己中心的である」ということを表しています。

▌come と go の違い ▌

　まずは、次の日本語を英語に訳してみてください。会社の別のフロアにいる A さんが B さんに内線電話で連絡している場面です。

A: わたしの部屋に来てくれない？
B: わかった、行くよ。

　答えは、次のようになります。

　　A: Could you <u>come</u> to my room?
　　B: All right, I'm <u>coming</u> there.

comeとgoの違いについてしばしば頭を悩ます問題があります。「行く」＝go、「来る」＝comeのように、うまく対応しない場合があるからです。基本的にはgoは「行く」という意味で十分対応できるのですが、comeには「行く」と「来る」の相反する意味があるため、混乱してしまうことがあります。

comeの中心的な意味は「相手に近づく」です。そのため、「来る」だけではなく、「相手のいるところに行く」という場合にも使えます。先ほどの例のBさんは、Aさんに呼ばれて、Aさんのいる場所に向かいますので、comeを使うのです。そして、その場所は自分から離れた場所なのでthereとなるわけです。

一方、goの中心的な意味は「他のところへ行く」「話し手・聞き手のところから離れる」です。本文の最後の部分を見てみましょう。コックが少年たちに次のようにたずねています。

"Which way are you boys <u>going</u>?" asked the cook.
"The other way from you," Tom told him.

トムの発話の省略されている語句を補うとWe are going the other way from you.となります。トムは「聞き手であるコックから（from you）離れて、他のところへ行く」と言っているわけですね。

次の文は「話し手のところから離れる」という意味のgoの例です。

All the money is <u>gone</u>.（お金が全部なくなっちゃった）

自分のところにあったお金が全部どこかに飛んでいってしまった、という感じが伝わってきます。

では、最後に本文からgoとcomeの違いを味わってみましょう（それと同時に過去完了と過去進行形のニュアンスも感じてみましょう）。

Ch.6 The Light of the World

We'd come in that town at one end and we were going out the other.

（僕たちはこの町に一方からはいって、もう一方から出ていこうとしていた）

　バーテンダーとの一悶着から逃れて、店を出た二人の様子が語られています。彼らはすでに町にやってきて、その町の中にいます。ですので、we had come in that town という描写が最適です。そして、we were going out という表現によって、彼らがこの町から出て行くだろうということを暗示、予告しています。そしてこの部分は物語の最後 "The other way from you," Tom told him. と呼応しています。小説を読むときに、このように「呼応する部分」を見つけると、またひと味違った読みができるはずです。そのためには同じ文章を何度も繰り返し読んでみましょう。小説は一度読んだら終わりではなく、読むたびごとに新たな発見ができる、不思議な力を持った＜ことば＞です。

"The Light of the World"の揺らぐ光を読む

作品解説

　この小説はこれまで、ストーリーに含まれる様々な象徴を通して、最高位の評価を受けてきました。例えばタイトルは、一方でマタイ福音書から引用されていると言われ、他方ではホルマン・ハントという画家の「ライト・オブ・ザ・ワールド」という宗教的絵画から引用されたとも言われており、この小説はその文化的意義の高さをもって評価されてきました。

　しかしこの小説が素晴らしいのは、そうした評価が存在するためだけではありません。この小説は非常にシンプルな英語でリズムよく進められるにもかかわらず、読めば読むほど真実がよくわからなくなる、という一般的な小説ではあまり見られない不思議な魅力を帯びた小説空間を創りだすことに成功している作品なのです。

　ケチェルというボクサーの真実をめぐるアリスとペロクサイドのまるでボクシングのような試合のような口論では、一見アリスが優勢に見えます。しかしアリスの正義を支える根拠は客観的事実ではなく、ペロクサイドの過去を暴露することで得たアリスへの同情票によるものです。アリスを囲む登場人物らがケチェルの過去のボクシングの試合を思い浮かべ感動する場面が象徴するのは、皆のアリスへの同情が実は感情に基づいた「ふわふわ」としたものでしかないという点です。これが面白いのは、最初は確かにアリスが優勢に見えていたにもかかわらず、小説が展開するのに従って、それが徐々に「ふわふわ」としたものでしかないという現実が明らかになってくる点です。

　この小説を読んでいくと、何が真実であり、何が嘘であるかがわからなくなります。結局、アリスの言っていることは正しいのでしょうか。自分が真実だと感じるものは、他の人々が感じる真実と同じなのでしょうか。この小説においては、真実と嘘の境界線が揺らぐ世界が描かれ、それを通して、曲がるはずのない光によって揺らぐ世界が映しだされているのです。最後に、なぜインディアンたちが突如駅舎から立ち去ったのか考えてみると面白いと思います。

英語学習の
お勧め参考書

まだ英文法の知識に曖昧なところがある方は、気になる文法項目を以下の参考書を使って確認するとよいでしょう。英語で書かれたものもたくさんありますが、ここでは日本語で書かれた（翻訳された）ものを中心に挙げておきます。

Suggested
readings

📄 英文法

ある程度ボリュームのある英文法の参考書は、できれば一冊は手元に置いておきましょう。

江川泰一郎『英文法解説』(金子書房)

主に高校までに学習する英文法を網羅的に解説した本ですが、随所にある［解説］では、専門的な観点からの説明があり、この部分をしっかり読むとさらに理解は深まります。

中邑光男他 編『ジーニアス総合英語』(大修館書店)

これも上の『英文法解説』と同じく、高校までに学習する英文法を網羅的に解説しています。また、平易な言葉遣いで理解しやすいものになっています。特にQuestion Box を読み込むことで英語の使い方がさらに理解できます。

Michal Swan *Practical English Usage, 4th edition* (Oxford)

(吉田正治訳『オックスフォード実例現代英語用法辞典』(研究社))

少し使い方が難しいかもしれませんが、ある単語の語法や使い方がわからないという場合は、Index を頼りにその語の解説を読むことができます。また、例文が豊富ですので、例文を通して文法を理解することができます。

さらに、発展的に英文法を学びたい方には、以下をお勧めします。

安藤貞雄『現代英文法講義』(開拓社)

文学作品などから用例が採られている上に、言語学の知見をふんだんに盛り込んだ解説で、高校以上のレベルを学びたい方には最適です。

久野暲・高見健一『謎解きの英文法』シリーズ (くろしお出版)

冠詞と名詞、文の意味、否定、単数か複数か、省略と倒置、時の表現、使役、副詞と数量詞、形容詞とテーマ別に書かれています。「どうして、この表現が使えないんだろう」とか「なんでこんな表現があるのだろう」という疑問に答えてくれます。

田上芳彦『「読む」ための英文法』(駿台文庫)

予備校の出版物ですが、問題を解きながら、これまで曖昧になっていた知識を整理

することができると同時に、あまり文法書で解説されてこなかったものにも焦点を当てて説明されています。

📎 英文読解・翻訳

英文を読み解く能力や、英語を日本語に翻訳するスキルを鍛えるには、以下の書籍が役立ちます。

真野泰『英語のしくみと訳しかた』（研究社）

本書はまずその前半で、英語文法がどのような日本語になるのかを、具体例を多く用いながら丁寧に解説してくれます。そして後半で、グラハム・スウィフト（Graham Swift）の作品 "Our Nicky's Heart" の全文を取り上げ、どのように訳していくのか一つ一つ実例として示していきます。初めて翻訳をする方には必読書と思います。

阿部公彦『英語文章読本』『英語的思考を読む』（研究社）

小説を中心とした英語の読み方について、どういった視点から読めばいいのかについて、丁寧に説明がなされています。文章を味わうということがどういったことなのか、この二冊を読むことで理解が深まると思います。

行方昭夫『英語のセンスを磨く』『実践 英語のセンスを磨く』『英文快読術』（岩波書店）

行方先生の著書は、正確に英文の意味と意図を読み取ることがいかに大切か、その視点と方法論を提示してくれます。かなり難解な文章の読解も、先生の説明を読みながら考えることで、英語読解力は飛躍的に向上するはずです。

越前敏弥『文芸翻訳教室』（研究社）

小説の翻訳について、短文から練習し、比較的長めの文章まで翻訳のポイントを解説。重要な部分について英文法の解説もコンパクトになされています。また、著者は予備校時代に伊藤和夫先生の授業に影響を受けたそうです。

斎藤兆史『翻訳の作法』（東京大学出版会）

カズオ・イシグロ、キプリングなどの翻訳の演習を通して、文脈をどのように把握するのか、辞書をどう活用すればよいのか、文体を理解するにはどうすればよいか

などを理解することができます。英文の読みや、文法・語法についても見事に解説
されています。

柴田元幸『翻訳教室』（新書館）
柴田先生による東京大学文学部の翻訳講座が実況中継されます。まるで実際に授業
を受けているかのような対話形式にて、受講者たちが授業中に発表した翻訳に対す
る修正案がすぐに示されます。英語文学の翻訳の基本的な考え方と文学作品の表現
に特有な微妙なニュアンスの訳し方を学ぶには最適の本です。日々少しずつ学ぶの
が良いと思います。

📎 大学受験用参考書

大学受験用参考書でも、読解や文法の学習をする上では非常に有効なものもありま
す。イメージで文法を説明したり、ネイティブはこんな風に考えているとか、英語
の核はこうだ、という「雰囲気系」や、学校で学ぶ英語を批判して独自理論を展開
する「ぼくのかんがえたさいきょうのえいぶんぽう系」については脇に置いておき
ます。ここでは、私たち英語のノンネイティブが、英語を読むときに、どのように
考えていけばよいのかについて、きちんと示されているものを挙げておきます。

**伊藤和夫『［新版］ルールとパターンの英文解釈』『英語長文読解教室』『英文解釈教
室＜新装版＞』（研究社）、『ビジュアル英文解釈』（駿台文庫）**
文法訳読式が批判されることがありますが、正確に英文を読むということを徹底し
て、その読み方を提示してくれます。曖昧なところがなくなるまで理解すれば、英
文を読む基礎力は完成します。

高橋善昭『英文読解講座』『英文和訳講座』（研究社）
筆者（倉林）が駿台予備学校に通ってたときに、高橋先生の授業を受けて、英語が
こんなにも合理的な規則で読むことができるなんて、と感動をしたのをいまでも覚
えています。練習問題や例題を通じて、構文を徹底的に理解することで読解力が向
上していくはずです。

丹羽裕子『入試英文 精読の極意』（研究社）
大学入試の英文を使い、単語・文法レベルから始まり書き手の意図をどのように読

み取ることができるのかについて、詳細に説明がなされています。英文の展開を追いかけることで、英文を読む態度が養われます。

仲本浩喜『仲本の英文法倶楽部』(代々木ライブラリー)

大学入試で出題された英文法の問題だけを集めて、コンパクトに解説がなされていますが、「なぜ、この答えになるのか」について話し言葉で明確に説明されていますので何度も読んでいくうちに、英文法のポイントが頭に入ってきます。

📎 辞書

英語の辞書はそれぞれに特徴や個性があるため、「この単語の場合は、この辞書を見た方がいいな」などと考えながら、特定の辞書を調べることもよくあります。今ではアプリや電子辞書で「串刺し検索」もできますので、机に何冊もの辞書を並べるということはないかもしれません。ここでは定番中の定番を挙げておきます。どれも、語義、語法などの解説がとにかく勉強になりますので、辞書は調べて終わりではなく、「読む」ことを通じて、語彙力、表現力を養って欲しいと思います。

『リーダーズ英和辞典 第3版』(研究社)

本書はプロの翻訳者も使っている最高レベルの英和辞書です。英語が日本に入ってきて以来のあらゆる訳が示されています。たくさんの翻訳例が出ていますので、訳したい文章の文脈さえ理解できていれば、大抵はこちらで間に合うはずです。

The American Heritage Dictionary: Fifth Edition (Houghton Mifflin Company)

英和辞典をひいた時に際に、数多く示される日本語翻訳のどれを選べばよいのか、困ることが多々あります。その時に役立つのが英英辞典です。これを参照すると、その英語の翻訳ではなく原語の意味を理解できるようになりますので、最適な翻訳語を考えることが可能になります。さらにこの書は、適当な翻訳が見つからない時に、独自の翻訳作りをする手助けをしてくれます。また、現在の日本においては米語が主流なので、現代のものを読む時は、こちらの辞書を用いるととても便利です。

　他には、『ジーニアス英和辞典』(大修館)、『ウィズダム英和辞典』(三省堂)、Longman Dictionary of Contemporary English (Longman) などもお勧めです。

　本書でLDOCEと表記しているのは上記のLongmanの辞書です。また、辞書アプ

リでは「物書堂」が便利です。このアプリでは『ジーニアス英和・和英』、『オーレックス英和・和英』、『ウィズダム英和・和英』という学習用辞典が購入できます。また、OxfordやCOBUILDなどといった定番の英英辞典も入手できます。

📖 ヘミングウェイ関係の書籍

最後に、本書を通じてヘミングウェイに興味を持っていただいた方に、ぜひお勧めしたい書籍をご紹介します。

柴田元幸『こころ朗らなれ、誰もみな』（スイッチパブリッシング）
本書は短編作品の翻訳書です。これまでずっとマッチョ文学と捉えられてきたヘミングウェイ小説ですが、本書の翻訳を読むと、ヘミングウェイが実はとても繊細な感性の下でとても慎重な手つきで世界を描いていることがよくわかります。本書はその翻訳のみならず作品のチョイスも、読者が持つヘミングウェイに対する認識も新たにしてくれます。

今村楯夫『ヘミングウェイと猫と女たち』（新潮選書）
本書は短編作品 "Cat in the Rain" を中心に、ヘミングウェイにおける女性像と猫の表象を読むことで、ヘミングウェイの世界をつかもうとする大変意欲的なものです。ヘミングウェイという作家の考え方や表現方法を一作品の例を通してしっかりと把握できるので、理解も深まり、非常に有用と言えます。また、解説には伝記や歴史的事実が多く使われますので、ヘミングウェイという作家がどのような人生を歩み、このような作品を書くこととなったのかも同時に理解することができるでしょう。

武藤脩二『ヘミングウェイ「われらの時代に」読釈』（世界思想社）
本書は、ヘミングウェイの1925年出版の短編集『われらの時代に（*In Our Time*）』に収録される全短編品を細かく丁寧に解説する書です。諸作品が描かれた時代や場所の歴史的背景に加え、ヘミングウェイの伝記を多く示すことで、この書は各作品の物語を立体的に理解させてくれます。ヘミングウェイの短編作品はこの短編集から始まったと考えられており、この書を読むことで他の多くの作品においても、作家がどのように世界を眺め、考え、どのようにそれを執筆したのかの基本構想を理解できるようになります。

Suggested readings / Profile

著者プロフィール

倉林 秀男 （くらばやし ひでお）

杏林大学外国語学部准教授。博士（英語学（獨協大学））。専門は英語学、文体論。＜ことば＞にかかわること全般を対象に研究を行っている。日本文体論学会代表理事（2018年〜）、日本ヘミングウェイ協会運営委員。著書に『ヘミングウェイ大事典』（編集・項目執筆、勉誠出版）、『街の公共サインを点検する』（共著、大修館書店）、『言語学から文学作品を見る―ヘミングウェイの文体に迫る―』（開拓社）などがある。

河田 英介 （かわだ えいすけ）

東京大学大学院人文社会系研究科後期博士課程中退。筑波大学人文社会系助教を経て、現在は国士舘大学政治経済学部講師。専門はアメリカ文学・文化、批評理論、芸術哲学。海外・国内の英語圏文学学会のシンポジウムなどで活動している。著書に『ヘミングウェイ大事典』（項目執筆、勉誠出版）などがある。

ヘミングウェイで学ぶ英文法

2019年5月28日　初版第1刷発行
2019年6月12日　初版第2刷発行

著者
倉林秀男・河田英介

発行人
天谷修身

デザイン
岡崎裕樹

DTP
トライアングル

本文イラスト
三嶋

ナレーション
Joanna Chinen

発行
株式会社アスク出版
〒162-8558　東京都新宿区下宮比町2-6
電話：03-3267-6864（営業）03-3267-6866（編集）

印刷・製本
日経印刷株式会社

ISBN978-4-86639-280-6　Printed in Japan
©Hideo Kurabayashi and Eisuke Kawada. All rights reserved.

乱丁・落丁本はお取り替えいたします。
弊社カスタマーサービス
（電話：03-3267-6500　受付時間：土日祝祭日を除く
平日10:00-12:00 / 13:00-17:00）までご相談ください。